新型コロナと貧困女子

中村淳彦

JN249646

宝島社新書

はじめに

2020年6月6日、すべての原稿を書き終えてこの「はじめに」を記している。4月7日に緊急事態宣言が発令されて、感染者の拡大が続く東京は見たことのない静寂に包まれた。満員電車がなくなり、あらゆる経済活動がストップしてしばらく経《た》った4月20日。〝なるべく早い発売〟を目指した本書の緊急出版が決まった。電話によって白羽の矢がたった筆者は、すぐにマスクだけという防備でパンデミックが報道された歌舞伎町に入った。

歌舞伎町は本当に「閑散」という状態だった。ネオンが消えた路上で呆然《ぼうぜん》と立ち尽くすキャッチを眺め、本当に無人で足音ひとつ聞こえないゴールデン街をまわってから、偶然に連絡があったホスト狂いの東京六大学在学中の女子大生に会うことができた。取材はポジティブな偶然が重なると回りだす。

ウイルス感染症対策で営業自粛要請という誰もが過去に経験のない事態にみまわれて、ネオン街の最前線を生きる歌舞伎町の住人たちは混乱していた。すべての国民が感染症対策か経済対策かの究極の二択を迫られるなか、いち早く経済を選択したのは歌舞伎町のホストクラブだった。

歌舞伎町はあの華やかな区役所通りからネオンが消え、誰もいないという閑散状態に襲われていたが、一歩路地に入れば多くのホストクラブがひっそりと営業をしていた。ホストクラブは4月16日から営業を再開しているという。自粛期間はせいぜい10日間程度で、裏通りに行くと若い女性たちが路上を闊歩《かっぽ》し、ホストたちが客引きをしていた。

歌舞伎町のホストもキャバ嬢も、根強いファンを獲得する自立したプロフェッショナルだけが緊急事態を乗り越えて現状維持できる状態だった。4月上旬のたった10日間程度の自粛で、多くのホストやキャバ嬢が歌舞伎町から消えていったという。

本書は新型コロナウイルス蔓延《まんえん》の影響を受けたネオン街の緊急ルポであると同時に、〝濃厚接触〟でしか生きることができない女性たちの言葉が詰まっている。その言葉にはアフターコロナの生き方、稼ぎ方、逆転の仕方、凋落《ちょうらく》の回避法が埋まっていた。逆に転落のワケ、暗い未来、破滅の理由も見えてくる。コロナショックで明暗を分けたのはなんだったのか。

全国どこでもネオン街は昔から弱肉強食、市場主義、利益優先が徹底される厳しい世界で、新宿歌舞伎町はその最前線である。ネオン街は現状の社会の少し先の未来を映し出す鏡でもある。あらゆる経済活動が停止・停滞した2020年4月は歴史に残るだろう国や社会の転換期だ。その渦中で「悪夢」にうなされるネオン街を活写した。

本書がこれから始まる新しい時代を生きるヒントになることを願いたい。

2020年6月6日

中村淳彦

目次

はじめに　3

序章　ネオン街の悪夢

「もう貧困とか、そういうレベルじゃない」　15
繁華街は貧困女性に対する再分配の場　18
「コロナが終わらなかったら、死ぬかな」　20
政府は社会的弱者を真っ先に排除した　23

第一章　緊急事態宣言下の歌舞伎町

ホストにハマる女子大生風俗嬢　31
コロナ禍でも大盛況だったホストクラブ　35

ホストクラブの魔力 40
シャンパンタワーのために闇金から30万円 45
「ホスト行けないなら死にます。だからコロナは怖くない」 47
売り上げは4月1日以降、95パーセント減 50
待機所の風俗嬢の数は通常の3倍以上 54
500万円の借金返済 58
2年前に出会った歌舞伎町〝ネカフェ女子〟 62
ブラック労働で精神を病んだ 64
「上京」という貧困トリガー 67
母親の〝売春〟カミングアウト 69
「東京はもういいです」 71
怪しげな人々が集う「大久保公園」 73
〝月収450万円〟の貧困生活 76
家に金を入れるか、縁を切るか、死ぬかの3択 79

第二章　女子大生の〝セックス無間地獄〟が始まった

現役女子大生だらけのピンサロ 87

「上野公園のハトのほうがいいものを食べている」 90
情報統制と成績管理でマインドコントロール 93
風俗で働いても大学生活を続けられない 96
卒業後は奨学金の返済地獄が待っている 100
34時間、風俗店に待機 103
本番強要と上から目線の説教 106
「こんなコロナの時期に風俗に来る人は質が悪い」 109
カラダを売る生活は、大学卒業では終わらない 112

第三章　コロナに殺される熟女たち

「もう死ぬかもしれません。私、どうすればいいでしょうか？」 116
餓死も想像するような状態 119
「コロナにかかったら、たぶん死にます」 122
売れないベテラン風俗嬢に店は冷たい 126
需要をはるかに上回る女性の性の供給 129
緊急小口資金の貸し付けを断られた 130
ソープ嬢は雇用や所得を証明することができない 134

稼げる手段はなにもないことを悟った　136
〝○○の女の子が自殺しちゃったみたい〟　140
ギリギリのセーフティネットを破壊した新型コロナ　144
底辺女性に向けられる〝自己責任論〟と〝誹謗中傷〟　147
「コロナで今月の収入は3万円とか2万円台とか」　149
「乱交パーティー」が貧困女性のセーフティネットに　152
農家の嫁から乱交パーティー常連へ　156
乱交パーティーで生活を立て直す　162
「浄化作戦」で風俗嬢の価値は崩壊　165
乱交パーティーで食費を稼がないと餓死　169

第四章　池袋〝売春地帯〟で生きる

池袋駅西口にある街娼スポット　175
39歳の〝大型アイドル〟　177
新型コロナで売春価格を1万円に値上げ　181
元彼は「前科8犯」「ペニスにシリコン玉」　184
「一日一人誰かとホテルに行かなきゃ生活できないわけ」　187

〝弁当じいさん〟と〝90歳じいさん〟の援助 190
62歳パート女性の副業は〝街娼〟 193
「もう西口に行くしかないでしょ」 196
20年前に嫁いだ家を出て、戸籍も捨てた 198
「なんかコロナで生きていけなくなっちゃった」 200
常連客は高齢者ばかり「悪い！ 行かない！ 死にたくない！」 202
〝パチンコ売春〟という原体験 205
セックス、セックス、セックスの20年 209
「全裸の兄がズンだよね。ズン。立ちバックでズン」 211
15年間、ネットカフェ難民だった 214
常連相手にリモートセックス!? 216

終章 コロナで政府の経済政策は変わるのか

日本はもう立派な「後進国」 221
派遣法改正、実質賃金下落、大学の学費高騰 223
生活保護の捕捉率は約20パーセント 226
「ブラックカード」を偽造し6７０万円のベンツを購入 228

犯罪抑止となるパートナーの存在 231
コロナで政府の経済政策は変わるのか 235

カバー・表紙デザイン／ｂｏｏｗａｌｌ
ＤＴＰ／Ｇ-ｃｌｅｆ
帯写真／ゲッティイメージズ

序章　ネオン街の悪夢

2020年3月8日、シングルマザーの植松沙織さん（仮名・29歳）から悲鳴に近い電話があった。

中国・武漢で発生した新型コロナウイルス（COVID-19）が世界中に蔓延《まんえん》し、医療崩壊で医師たちが錯乱する姿が報道され、感染者が相次ぐ北海道では2月28日から独自の緊急事態宣言が発令されていた。

危機は北海道だけでなく、あっという間に全国に広がった。安倍晋三首相は3月2日から全国の小中学校、高校に「一斉休校」の要請をしていた。「なにかおかしい……」という不穏な空気が漂い始めたころ、植松さんから連絡がきた。彼女は昔からの知り合いで、沖縄県最大の歓楽街である那覇市松山で働くキャバクラ嬢だ。

「コロナでキャバの売り上げは激減です。出勤制限もされました。いつもは21時から朝5時まで働けるけど、いまは22時から24時とか、22時から1時とか。時給2200円だから日給4400円にしかならない。本当にどうしよう」

2月は水商売、風俗業の閑散期で、例年すべてのキャバ嬢、風俗嬢の収入は減る。そんな時期にコロナ騒動は始まった。3月の売り上げは閑散期の2月からさらに4

〜5割減という。訪日観光客によるインバウンド需要の激減と、コロナによる外出自粛が原因だ。

松山、国際通り、栄町市場など、那覇の主要な繁華街の人通りは激減。キャバクラの売り上げはモロに打撃を受ける。夜の世界は中長期的な経営はしない。売り上げが下がればすぐにキャバ嬢に出勤制限をかけてコスト調整をする。日当で稼ぐキャバ嬢は即日、収入減となる。

キャバ嬢は出勤前、自費で専門の美容室でヘアメイクをする。ヘアメイク代1300円、それに送迎代1000円。経費はキャバ嬢の持ち出しなので、日当4400円から経費を引くと、実質的な賃金は日給2100円、週4日出勤しても月収は3万3600円にしかならない。

「もう貧困とか、そういうレベルじゃない」

沖縄は最貧困県である。若年出産と離婚率が全国1位で、県民所得は全国最下位かブービーを行ったり来たりしている。

那覇市松山のキャバ嬢の多くは十代のシングルマザーで、ほとんどは子育てしながら専業で仕事をする。キャバクラの収入に児童扶養手当、児童手当を足した金額が世帯収入となる。

新型コロナ禍以降、減収となった沖縄のキャバ嬢は貧困状態に陥っている。一部は〝ディープ・プア〟状態のシングルマザーも現れている。ディープ・プアとは貧困を測る指標である相対的貧困ラインの、さらにその半分以下の収入を指す。餓死も想定される状態だ。

「もう貧困とか、そういうレベルじゃないんです。私だけじゃなくて、みんなそんな感じ。松山のキャバ嬢はシンママ(シングルマザー)ばかりだから、パニックです。私は県内に実家があるから、もう部屋は解約して実家に戻る。親と折り合いが悪いけど、どうにもならないから仕方ない。実家近くのキャバクラに移って、クレジットカードから借金してなんとか暮らします。こんなんじゃ、ゴールデンウィークまで生きることができるかわからない。あと、私が実家に戻ると、子どもは小学校を転校になります。かわいそうだけど親子で生きていくためにはそれも仕方ないんです」

　子どもに生活環境の変化を無理強いしてまで、植松さんが夜の仕事にこだわるのは、沖縄特有の事情があるという。

「沖縄の昼職は、内地に本社のある企業に搾取されているんです。沖縄県民は最低賃金で働かされる。そんなお金で生活するのは無理。昼職では生活できないんです」

　コロナでキャバでの収入が激減した植松さんは、たとえ親子で実家に帰ったとしても、夜で収入になるところを探すしかない。

「ほとんどの女の子は意地とかプライドがあるので、クレジットカードや消費者金融、闇金で借金しながらコロナが終わるのを待つと思います。一部の女の子は風俗堕《お》ちです。でも、デリヘルも観光客頼りだから厳しい。松山の隣町に辻っていうソープ街があって、もう来月にはキャバと掛け持ちでソープで働く女の子が出てくると思う。沖縄はカラダを売るとバカにされるので、それは本当の転落です」

繁華街は貧困女性に対する再分配の場

新型コロナウイルス騒動で深刻なのは、日本七大都市と呼ばれる東京、横浜、名古屋、京都、大阪、神戸、北九州、そして札幌のすべての繁華街が大ダメージを受けていることだ。おそらく戦後、初めての事態だ。

繁華街は貧困女性に対する再分配の場であり、福祉や社会保障と同等か、それ以上に機能してきた。これまで日本には阪神淡路大震災や東日本大震災、熊本地震など数々の震災や災害があった。そのたびに、被災地には復興のために人が集まり、復興資金が夜の世界に流れ、貧困を起因として水商売や風俗で働く女性たちは恩恵を受けてきた。

今回のコロナ禍は震災や災害とはまったく違う。日本全国の経済活動がストップしている。とくに人が集まる繁華街は機能停止状態だ。当然、貧困女性に対する再分配機能も停止となり、歴史的に前例のない深刻な事態となっている。

前述したとおり、水商売は常に目先の利益が最優先であり、短期的な経営をする。風俗業も然《しか》りだ。時給のキャバ嬢はコロナで状況がおかしくなった即日に出勤制限がかかり、風俗嬢は完全出来高制なので大幅収入減となる。

一般的な労働者や法人は、コロナで3月、4月に働けなかったり納品できなかったりした場合、影響は翌月末、翌々月末に出る。即日影響が出る水商売、風俗業界と違ってタイムラグがある。さらに雇用調整金、休業補償などの国による支えもある。

とくにカラダを張って働く風俗の女性たちは、もともと深刻な貧困状態に陥っていることが多い。稼いで貯金をするなど、売り上げ上位の一部の女性にしかできない。

日本は平成以降に貧困化した。すでに繁華街の女性の供給は過剰であり、10年以上前から女性のカラダやセックスは深刻なデフレを起こしている。カラダを売っても貧困は解決せず、ギリギリの生活を強いられる女性が膨大に存在している。そのような危機的状況のなかで新型コロナウイルスが猛威を振るい、貧困女性、困窮女性たちのセーフティネットを破壊した。

平成の新自由主義路線で階層社会が完成された日本は、国を挙げて続々と自国女性を接客や性行為による労働に誘導したにもかかわらず、昭和時代からの名残を引きずっており風俗嬢たちへの偏見や差別は根強い。基本的に社会は彼女たちに「無理解」である。

男女の賃金格差をみればわかるとおり、日本には徹底された男尊女卑、男性優位の社会がある。なにかが起こると、まず男性は守られ、女性を転落させる。平成に起こった日本の貧困化は女性を風俗に堕とし、優遇された男性が女性の肉体を貪ることでようやく再分配が許され、そうしてなんとか回っていた。

今回の新型コロナウイルスによって、その最後のセーフティネットも破壊された。電話口で嘆くキャバクラ嬢・植松さんの混乱は、日本の一般国民の来月、再来月の姿なのかもしれない。

「コロナが終わらなかったら、死ぬかな」

コロナ騒動は想像を超える勢いで広がった。3月29日、コメディアンの志村けんさんが新型コロナウイルスによって死亡した。最後に外出した場所は東京某所の高級クラブとされ、そこでの感染が疑われた。そして、30日には都内で感染者が大量発生したことで小池百合子都知事は臨時会見を開く。

小池都知事は感染爆発（オーバーシュート）の重大局面であることを訴え、「夜間営業の飲食店で感染が疑われる事例が相次いでいる」と発表し、カラオケやナイトクラブなどへの出入りを当面控えるように呼びかけた。

さらに4月1日、読売新聞が「歌舞伎町で十数人感染、キャバクラの女性従業員・風俗店関係者ら…実数はさらに多い？」と報じ、風俗嬢やキャバ嬢の間に激震が走った。コロナ騒動はただごとではない――この時点で社会の動向にさほど興味のない風俗・水商売の関係者全員が危機的状況を共有するようになった。

この報道で歌舞伎町から人が一斉に消えた。警察が歌舞伎町を見回り、プラカードや拡声器を掲げて自宅に帰るように呼びかける。訪日観光客を含めて一日8万～9万人が訪れていた歌舞伎町は、本当にまったく人がいなくなり、見たこともない閑散状態となった。居酒屋、飲食店などは軒並みシャッターを閉め、ポツリポツリと行き場のない客引きだけが立ち尽くしていた。

昔からの知り合いが歌舞伎町でガールズバーを経営している。携帯に番号があったので見舞いがてら電話をしてみた。

「とんでもないことになったよ。歌舞伎町が一瞬でこんなことになるとは夢にも思わなかった。3月のコロナ騒動で売り上げ半減。で、都知事の会見と志村けんが死んだことでさらに8割減。売り上げは10分1。女の子に出勤制限して人件費を抑えるだけじゃどうにもならない。休業したほうがいいけど、家賃がある。正直、どうしていいかわからない」

銀行は風俗やアダルトビデオ、エロ本など、グレーな業種にはお金を貸さない。夜の世界の小規模店舗は怪しい筋からお金を借りて独立したりする場合が多い。債務者が法律の及ばない相手だと自己破産では免責にならないこともある。

「たぶん、都の休業協力金をもらうかな。家にある車とかカメラとかゲームとか売っちゃってお金をつくって、都の補償とあわせて家賃は払う。生活費は制度を頼ってなんとかお金を借りる。そんなんで切り抜けられるのは、せいぜい再来月(6月)まで。コロナが終わらなかったら、死ぬかな。死んじゃうかも」

彼の五体満足、無事切り抜けられることを祈るばかりだ。

政府は社会的弱者を真っ先に排除した

専業のキャバクラ嬢、風俗嬢たちは店が休業すれば即日生活苦となる。彼女たちはクレジットカードや消費者金融の借金で、女子大生風俗嬢は奨学金の増額などでなんとか金策を練っている。

4月上旬、社会福祉協議会の「緊急小口資金貸付(10万円が20万円に増額)」の存在が一気に風俗嬢たちに知れわたった。地域の社会福祉協議会にはあらゆる業種の人々が殺到し、風俗嬢たちは手続きの行列に並んで貸し付けを受けようとしている。しかし、風俗嬢たちは日当から源泉徴収が引かれていないことがほとんどだ。税の申告をしている風俗嬢はほんの一部であり、収入の証明ができないことで「融資を断られた」という話もチラホラ耳に入ってくる。

3月2日から全国の小中学校、高校が休校となった。それに伴い、厚生労働省は3月18日、「新型コロナウイルス感染症による小学校休業等対応支援金」という休業補償制度の申請受付を開始。子どもの面倒をみるために休業を余儀なくされる親への補償金(一日4100円)だ。しかし、厚労省は暴力団関係者とナイトクラブ、風俗関係者は除外するという不支給要件を発表時に定めていた。

水商売、風俗業は貧困女性の集積する場所であり、貧困の巣窟だ。困窮が進行する社会的弱者を真っ先に排除する政策が施行されたのだ。4月に入ると、その差別的な施策が報道され、厚労省は大きな批判を受けた。加藤勝信厚労相は「(不支給の)方針を変えるつもりはない」と批判を突っぱねたが、西村康稔経済再生担当相、菅義偉官房長官は方針撤回を語るなど、政府内でも意見が二転三転した(4月7日に風俗関係者への支援を発表)。

歌舞伎町は本当に閑散状態となり、アウトローだった風俗関係者も国に救済を求めている。事態は日ごとに悪化している。もうひとり、数年前に取材した熟女デリヘル勤務の女性にも電話してみた。

「もう、なにやっても無理です。政府は私たちに死ねって言っているのでしょうか。本当にどうしていいかわからない」

彼女は家賃5万5000円のアパートに一人暮らし。時給1030円のファミレスの仕事だけでは最低限の生活も送れず、1年前から熟女デリヘルで働き、ダブルワークをしている。

ファミレスは4月7日に発令された緊急事態宣言の影響で営業時間を短縮。彼女はシフトから外された。休業補償はもらえるはずだが、まだ手にしていない。熟女デリヘルは営業を継続しているが、売り上げは6割減だという。一日4000円、多くても8000円程度しか稼げない悲惨な状態だ。

格安系デリヘルはコロナ前でも待機時間を含めると、最低賃金を割るような深刻な低賃金状態にあり、さらにそこから6割減となるともう仕事として成り立っていない。

7都府県に緊急事態宣言が出された4月7日、ホームレス状態の人が寝泊まりするネットカフェに休業要請がされた。ネットカフェには都内だけでも、常時約4000人のネットカフェ難民がいるといわれる。行き場を失って公園や路上にホームレスがあふれることは確実と心配されたが、東京都はすぐに緊急対策に着手して、都が借り上げたホテルに無料で宿泊できるという制度ができた。

もう日本のどこを眺めても、コロナ以前の風景はない。いったいどうなってしまうのだろうか。一般国民よりも早く絶望に襲われるのは、日銭で働く夜の女性や風俗嬢たちだ。

外出自粛要請の渦中、筆者は壊滅状態に陥る歌舞伎町に向かうことにした。

第一章　緊急事態宣言下の歌舞伎町

２０２０年4月21日。緊急事態宣言下の新宿歌舞伎町は、閉園時間が迫った遊園地のようだった。歌舞伎町一番街のゲート下とセントラルロードの入口では、拡声器を抱えた新宿区役所職員が帰宅を叫び続ける。何十人もの警察官が動員され、歌舞伎町の通行人たちに睨《にら》みを利かせる。

街に足を踏み入れることをためらう不穏が漂う。ただでさえ少ない人々が諦めて駅方向へと折り返す。拡声器の声ばかりが聞こえ、目の前には見たことのない閑散とした風景があった。

筆者は19年前、44人が死亡した歌舞伎町ビル火災の翌日、同じ歌舞伎町一番街通りを歩いたことがある。十数時間前に大惨事が起こったにもかかわらず、歌舞伎町は何事もなかったかのように活況を呈していた。ここは東洋一の欲望の街と呼ばれるように、戦後から常に圧倒的なエネルギーを放ち続け、なにが起こっても灯《あか》りが消えることはなかった。しかし、２０２０年4月21日の歌舞伎町は、瀕死の状態に陥っていた。

拡声器の声を浴びながら歌舞伎町一番街のゲートをくぐった。飲食店、居酒屋、

歌舞伎町の略地図

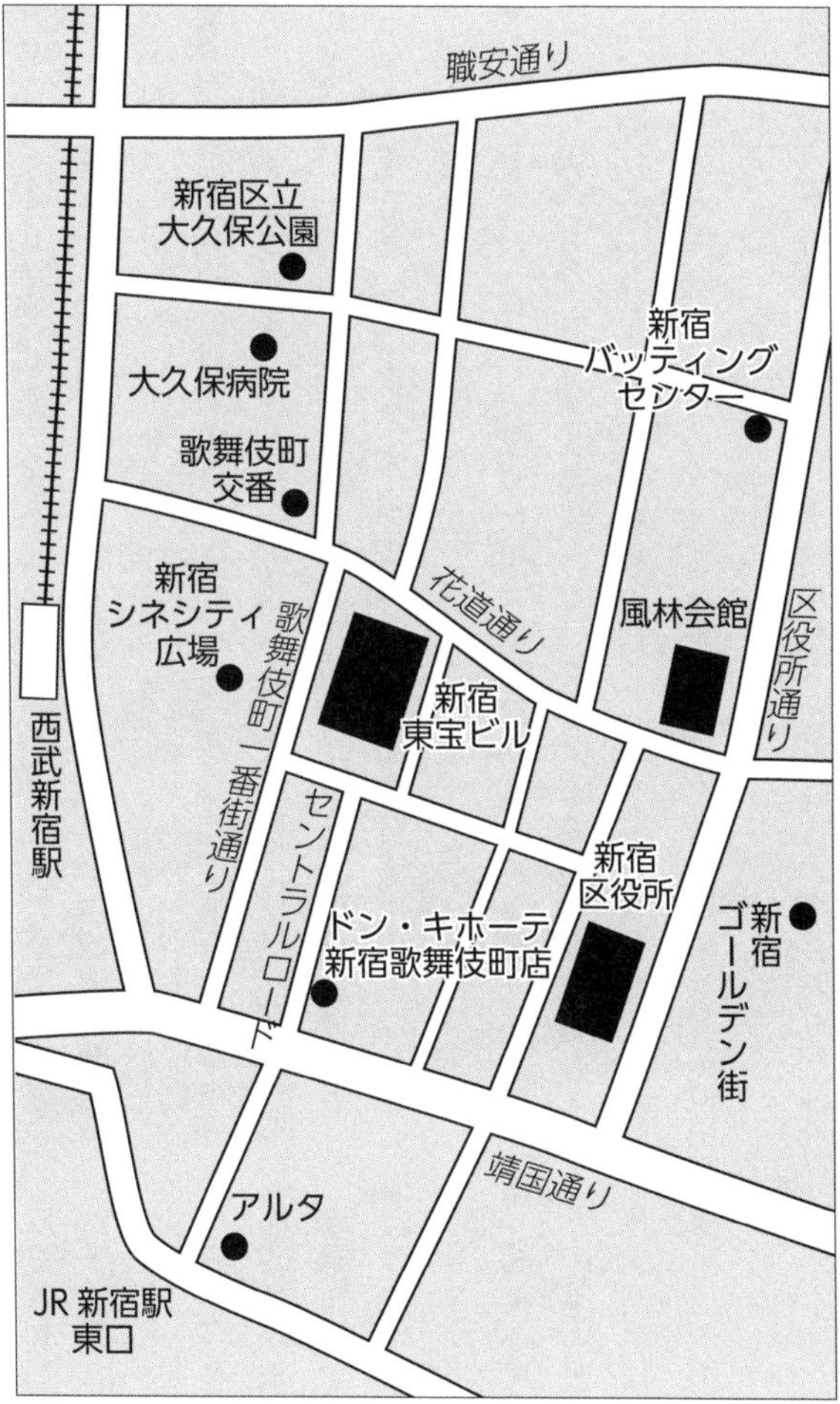
職安通り
新宿区立
大久保公園
大久保病院
歌舞伎町
交番
新宿
バッティング
センター
新宿
シネシティ
広場
歌舞伎町一番街通り
花道通り
風林会館
区役所通り
新宿
東宝ビル
西武新宿駅
セントラルロード
新宿
区役所
新宿
ゴールデン街
ドン・キホーテ
新宿歌舞伎町店
靖国通り
アルタ
JR 新宿駅
東口

ラーメン店などの看板は灯《とも》っているものの、営業はしていない。そんななか風俗案内所は営業を続け、わずかに営業する居酒屋はどこもほぼ満席状態で、三密状態となっていた。

歌舞伎町一番街を抜けると、街の新しいシンボルであるゴジラがそびえる新宿東宝ビルがある。２０１０年代に新宿コマ劇場の跡地に再開発された近代的なビルディングだ。その目の前、歌舞伎町の中心にはシネシティ広場があり、映画館を中心とした大型店舗で囲まれ、そのすべてが営業を自粛。シネシティ広場には少年少女がほんの数人いるだけだ。

新宿コマ劇場時代から、歌舞伎町の中心にあるシネシティ広場周辺は、関東各地から訳ありの少年少女が集まる場所だ。ここは未成年売春や売春スカウトの温床となっている。昼間はシネシティ広場周辺で時間を潰し、夜になると男性客を相手に売春をして雨風を凌《しの》ぐような少女が、昭和の時代から現在まで一定数存在した。しかし、そんな少女たちもコロナでほぼ消えた。

閑散とした歌舞伎町にポツリポツリと立っているのは客引きだけだ。数えるほどしかいない通行人に必死に声をかける。この状況で客引きに引っかかる人がいるのか。瀕死《ひんし》の歌舞伎町でネオンを浴びて遊びたい、そんな希少な人間を客引きはあてもなく探し続ける。

次に新宿ゴールデン街に向かった。誰ひとりいなかった。静寂。足音すら聞こえない。ここ数年、観光地化してインバウンド需要がすごかったゴールデン街は人まみれだった。今日のように誰もいないゴールデン街など見たことがない。ほぼ全店が都による休業要請を受け入れたようだ。要請に応じた中小事業者には「感染拡大防止協力金」の50万円が支給される。ゴールデン街の小さな店舗ならば十分な金額であり、足並みがそろったようだ。

21時5分。無人となったゴールデン街の写真を撮り〝歌舞伎町、閑散〟と文字を入れてツイッターに投稿した。

ホストにハマる女子大生風俗嬢

〈私、いま風林会館にいて、そのあと1時間弱時間空いてるのでよかったら一緒に

お散歩どうですか？　思わず連絡してしまいました(´･×･`)

筆者のツイッターを見た鈴木樹里さん（仮名・20歳）から、そんなメッセージがきた。彼女はホスト狂いの現役女子大生であり、東京六大学に在籍する大学3年生だ。大学1年生の夏休みに高級ソープ嬢になって、月に100万円単位のお金を稼ぐようになった。そのお金をほぼ全額、歌舞伎町のホストクラブに注ぎ込む破天荒な女子大生だ。東京都には緊急事態宣言下で外出自粛要請が出ている。しかし、彼女のような人種には強制力のない外出自粛要請は関係がない。担当ホスト（指名するホスト）が出勤するので歌舞伎町に来たという。

22時30分。区役所通りには警官と客引きしかいなかった。何人もの客引きに声をかけられながら風林会館に着く。会館前の交差点にはパトカーが停車し、区役所通りは殺風景で、まるで事件が起こったかのような仰々しい雰囲気だった。

鈴木さんはすでにいた。挨拶すると、慣れた足取りで歌舞伎町2丁目を歩いていく。新宿東宝ビルの裏、歌舞伎町を東西に横断する花道通りを境にして、南の歌舞伎町1丁目、北の歌舞伎町2丁目が分かれている。

歌舞伎町2丁目はディープだ。ラブホテル、ホストクラブ、キャバクラ、ナイトクラブ、また〝ヤクザマンション〟と呼ばれる組事務所が密集する分譲マンションや、かつて街娼のメッカだったハイジア裏の跡地に新宿区立大久保公園がある。歩いているのはホストとキャバ嬢、その客だらけ。花道通りを越えると、繁華街の様相は一変する。日常の雰囲気や安心は消え失せ、正直、なにが起こるかわからない。いまに始まったことではないが、歌舞伎町2丁目を歩くときはいつも緊張する。

風林会館周辺は客引きだらけだった。歌舞伎町2丁目に足を踏み入れると、若い女性がポツリポツリと現れた。おそらくホストクラブの女性客たちだ。

「キャバクラとホスクラは同じところにあります。休業要請をされてもやっている店と、やってない店がある。お店は営業していることを公式的に言うと、いまはSNSで嫌がらせされる。最大手のホストクラブがこの前、大臣に休業補償の要請を出したんだけど、その最大手がけっこう休業していないんですよ。歌舞伎町だけでも40店舗以上あって、フランチャイズ方式で店舗を増やしているのでトップの決定権が薄いんです。下の経営者は、トップが売り上げを保証してくれるわけではないので休業できない。みんな営業しちゃっています。私も、これからホスクラに行くし、ふふ」

高校時代から歌舞伎町のサパークラブやボーイズバーに出入りし、大学入学と同時に高級ソープ嬢になった。どちらかというと鈴木さんはお金持ちの娘であり、カラダを売るのはホストクラブで遊ぶためだ。大学の授業はちゃんと出席し、夜や休み中にソープで働く。深夜は歌舞伎町のホストクラブに足繁《しげ》く通う。

「ふふふ、ホスクラは普通に楽しい。ホストにガチで恋愛しちゃったパターンか、お金が余っちゃってお金を使うためとか。お金を使うことによるチヤホヤ感ってすごく気持ちよくて、その快感にハマっちゃう時期もあったかな。18歳、19歳から、ソープ嬢をして最高で月200万円くらい使っちゃいました。お金がもったいないといえば、もったいないけど、まあいいかと」

彼女は次々と寄ってくる客引きを慣れた感じでかわす。歌舞伎町2丁目は奥へ進むと客引きの雰囲気が変わる。〝外販〟と呼ばれるホストクラブの初回割引を誘う客引きが7割、キャバクラ3割の割合だ。ホストクラブは客引きによる割引があり、筆者の視界にいる数十人の客引きに悪質な人物はいないようだ。

「ホストとキャバは客引きについて行ってこそなんです。ホスクラの初回は外販っていうんですけど、外販を使うと安くなる。初回3000円のところを1000円とか。1000円で案内しても客引きは店から2000円くらいもらえる。だから、僕があなたに500円渡すので実質500円で遊べるよ、とか」

歌舞伎町1丁目の客引きはぼったくりだらけで危険だが、2丁目になると事情は異なり、相互利益になるようだ。たしかに歩いている女性たちは客引きに声をかけられると立ち止まっていた。

コロナ禍でも大盛況だったホストクラブ

「中村さん、新刊の取材ですよね? Tビルに行きます? すぐそこですよ」と鈴木さんが言いだした。担当ホストの出勤まで1時間以上あるようで、時間を潰したいようだ。Tビルは歌舞伎町で有名な自殺の名所だ。ホスクラ客の若い女性が続々と飛び降り自殺をしている。

もっともひどかったのは、2018年の秋で、9月23日、10月4日、10月5日と立て続けに若い女性が飛び降り自殺、自殺未遂騒動を起こしている。Tビル前のアスファルトは血で染められ、2基あるエレベーターの左側は女性の霊がいるという噂までである。

「ホスクラの客は稼いでなんぼ、お金を落としてなんぼだから、ほとんど風俗嬢とキャバ嬢です。風俗嬢のほうが圧倒的に多いですね。やっぱりホストはカッコいいし、チヤホヤされる感じは楽しい。それと、お金を使ってほかの女に勝つみたいな。比較対象がある喜びかな」

ホストクラブはお金がかかる。若い女性のほうが圧倒的に稼げるので、客は十～二十代前半がメインとなる。

「風俗嬢がホストにハマるのは、普段おっさんと接しているから。癒やしを求めて。風俗していると自分のなかの異性が〝ホストか客か〟ってだけの二択になっちゃう。ホスト以外の男は全員客の諭吉にしか見えないみたいな。一般男性も客に見えちゃう。ずっと男にいやらしい、そういう目で見られているわけだから、やっぱり癒やされたい。一般の男性より、お金を払ってホストと恋愛するほうが楽って感覚はありますよ」

歩いたのはせいぜい3分ほどで、ヨーロピアン調のTビルに到着した。自殺騒動が起こると、通行人が群がって写真を撮る。そしてSNSにアップする。何度も見たことのある建物、そして風景だった。

建物の前を見るだけと思っていたが、鈴木さんは中に入っていく。エレベーターの「↑」のボタンを押すと、若い女性の霊がいるとされる左側のドアが開いた。最上階の7階を押す。エレベーターの中に入ると低音の音楽と盛り上がる声が聞こえた。

緊急事態宣言下で外出自粛要請がされ、街中に警察官が歩いて監視する。歌舞伎町は壊滅状態といわれるなか、ホストクラブは営業して大盛況だった。3密なのは当然、コロナはどこへ行ってしまったのか？　という雰囲気だ。

「売れているホストは、呼べば女はいくらでも来る。会いたくて、会いたくてしょうがないわけだからコロナとか関係ないんですよ。ホストもキャバ嬢も一緒だけど、売れている人たちは歌舞伎町がこんなになっても、全然困ってないんですよね」

令和は個人の時代といわれる。ファンを持つ者が勝ち、ファンを持つ者が有利に生きていける。ホストクラブはその時代性を体現していた。屋台骨となる街が壊滅状態に陥っても、ファンを持つホストはなにも困っていなかった。

フィーバーするホストクラブを横目に非常口の扉を開けた。華やかな外観とは正反対の老朽した埃《ほこり》っぽい階段があり、すぐに立入禁止と書かれた重苦しい扉があった。左側のエレベーターで最上階に上がって、非常口から階段で屋上へ向かう……これが数々の飛び降り自殺者がたどった経路だ。

「あー扉のドアノブがなくなってる。去年まであったのに」

彼女はそう言いながら、屋上に続く扉の写メを撮っていた。老朽した鉄製扉に赤い文字で立入禁止と書かれ、ドアノブは外されている。真新しい鍵がつけられ、扉の上部には有刺鉄線が張りめぐらされている。簡易的な屋根もついている。屋上に出ることができないように改造されていた。

「去年の末まではドアノブが外されているだけで、扉が開かなくても自殺する女の子たちはここをよじ登って屋上に行ったんです。有刺鉄線までついたのは最近。この前、来たときはなかったですから」

7階建てのビル屋上はかなり高い。地上20メートルくらいはあるだろうか。飛び降りた女の子は即死であり、未遂のケースは屋上で躊躇《ためら》っているところを救助されている。女の子が飛び降りて、通行人に激突して2人とも死んでしまったケースもあり、本当に血で染められたビルなのだ。

女の子たちの自殺の原因は、ホストとのトラブル。お金の問題がほとんどのようだ。ホストクラブは女性客が高額なお金を落とすようにシステムができている。ホストに恋愛をする客は大金を注ぎ込んでライバルと競い合う。ホストはお金を使う客から優しくして大切にするので、女の子たちはどんどんと高額ボトルをいれてお金を落としていく。後払いである〝ツケ〟の制度もある。ツケが払えなくなった女の子はホストから激しい取り立てをされ、破綻していくという流れだ。

「ホストクラブの売り上げは、店と折半という制度。たとえば100万円売り上げたら、店に50万円は納めないといけないんです。ツケで売り上げを立てて女の子が払えなかったら、ホストは自腹で店にお金をいれなければならないの。ツケが飛んで逃げるホストもいるけど、ホストは横のつながりがあるので、もうホスト界には戻れない。だから回収は激しくなっちゃいます」

自殺する女の子たちのツケは、おおよそ200万円、300万円という金額だという。ホストは職場や実家にまで回収に行くのでトラブルになり、追いつめられ、一部の女の子は飛び降り自殺してしまう。若い女の子がアスファルトに叩《たた》きつけられて命を落とすのは、あまりにも無残だが、ここではそんな悲劇が日常として起こっている。

ホストクラブの魔力

23時。鈴木さんは目をキラキラさせてLINEを見る。いまハマっているホストが出勤したようだ。最後に「歌舞伎町で知り合ったホス狂いの友達とつなぎましょうか?」と言う。頷《うなず》くと、わずかなLINEのやりとりで、あっという間に筆者を含むグループLINEができあがった。

ホス狂いの現役風俗嬢・舞ちゃん（仮名・23歳）とLINE電話でつながった。電話で舞ちゃんに挨拶していると、鈴木さんは手を振りながら早足でホストクラブへ行ってしまった。

「いま徳島県にいます。コロナ以降は、地方もお客さんは全然いないです。2週間前からずっとこの待機室に住んでいるみたいな感じで、なにもすることがなかった。だから、誰かと話せてうれしいです」

専業デリヘル嬢の舞ちゃんは徳島県で〝出稼ぎ中〟だった。

出稼ぎとは東京や大阪など都市部の風俗嬢が期間を決めて地方風俗店で働くこと。また地方の風俗嬢が都市部の風俗店で働くことをいう。地方の風俗街やデリヘル、また違法風俗店は、地元の女の子だけでは人手が足りない。

スカウトマンを通じて全国から働く女性を集める。地方への出稼ぎは競争が少なくて都市部より稼げる、集中して働ける、お金を使わない、といったメリットがある。またアウェーの地で誰にもバレずに働けるという安心感もある。

「寮費の一日3000円がもったいないので待機所に泊まっています。待機室はガスが通ってなくて、お風呂はネットカフェです。風俗嬢になったのは2年前ですね。好きになったホストに『東京に来て風俗で稼げよ』って言われたから。それで東京に出てきてデリヘルで働きながら、毎月どこかしらに出稼ぎに行っています」

寮とは出稼ぎ先での寝泊まり場所で、寮に泊まるかずっと待機所にいるかを選択する。ワンルームのアパートで一日3000円が相場、10日間の滞在だと3万円かかることになる。

舞ちゃんは地方出身者で、ある都市でアパレル店の店長だった。店長職でも給与は安く、手取りで月20万円程度。3年前、友達に誘われて地元の繁華街のホストクラブに行った。華やかですごく面白かった。そして2年前、東京に旅行して歌舞伎町に行った。風林会館前で当時ホストになったばかりの翼(仮名・23歳)に声をかけられた。好きになってしまった。

「昼職のときにホストに行くようになって、風俗と掛け持ちするようになりました。地元のときはそこまでホストにハマることはなくて、給料を全部使っちゃうくらい。

歌舞伎町で好きになったホストは、翼っていうんですけど、最初会ったときは新人だったんです。翼に『昼職を辞めて東京に来て風俗やって稼いでほしい』って言われて、本当に昼職を辞めて東京に来ました。東京に来てから専業でデリヘルです。ホストに行く以外は、ずっと働いています」

いま（２０２０年４月）は全国で非常事態宣言が出されている。徳島県も東京や大阪と同じで街は閑散とし、お客さんはまったく来ないようだ。24時間体制で待機し、１人か２人つけばいいほうだという。２週間近く待機室に24時間籠もっている状況で、誰かと話したかったのか、声は明るく言葉は流暢《りゅうちょう》だった。

歌舞伎町のホストに行くためだけに、歌舞伎町の翼に貢ぐためだけに昼職を辞めた。故郷を離れてずっとカラダを売っているのが現状だ。どうして、そこまでするのだろうか。

「学生のときにジャニーズが好きだったの。ＳｉｘＴＯＮＥＳ《ストーンズ》の京本（大我）。妹もジャニオタだったけど、私は趣味にのめり込むタイプで。ずっとＨｅｙ！Ｓａｙ！ＪＵＭＰが好きでコンサートのいい席を買うんです。昔は席が発券の時点でわかるので、いい席を買えるまで15万円とか使う。だから、最初ホストは安いと思った。3万円くらいだったから。最初は楽しみとして週に1度くらい。イケメンとお酒が飲めるのが楽しかった。ジャニーズはしゃべれたり、隣に座ったりがない。ホストってジャニーズより面白いと思いました。ホストはカッコいいし、好き。それで翼と会ってから本格的にお金を使うようになりました」

ホストクラブではホストを客同士で取り合う。ホストはお金を使う女性ほど優しくして重宝するので、「どれだけお金を使うか」という競争が始まる。

「シャンパンを入れた。ほかの客に負けたくないって。お金を使う人が大事にされるから。それで風俗を本格的に始めました。使うお金は月100万円とか130万円とか。東京出てきて最初にシャンパンを入れたら、翼にすごく喜ばれた。ありがとうって、泣いてくれた。だから本当はすごく苦しいんだけど、使うお金を下げて失望されるのが怖かった」

東京では家賃5万円のアパートに住んでいる。家賃や食べ物をギリギリまで切り詰め、光熱費や携帯代以外はすべてホストに使っている。

シャンパンタワーのために闇金から30万円

好きな翼に勧められて風俗嬢になった。翼の紹介で池袋のデリヘルを紹介された。ホストにお金を使うこと、そのお金を稼ぐことが東京生活の最優先事項だ。まったく休むことなく、デリヘルに出勤した。そして、出稼ぎのほうが効率がいいことを知った。この1年間は、毎月1度は地方都市に行く。宇都宮、名古屋、愛媛、高松、秋田、岡山、静岡と、さまざまな場所で働いた。

東京に出てきて2年間、ほとんど一日も休むことなく、出勤し、男性客をとり続けている。

「コロナ前は1日5万円くらい稼げていました。池袋は毎日本番強要をされるので、けっこう大変。レイプされたことも一度や二度じゃないです。それでコロナが始まってからは外で会えるお客さんをつくるようにして、店を通さないで会うみたいなこともしています。2万〜3万円をもらってホテルでエッチですね。何回も指名で来てくれるお客さんを直引《じかび》きしていました」

突然、お客さんが減ったのは2月中旬だった。

「出稼ぎで愛知にいたとき、突然人がこなくなった。もともと2月って風俗は閑散期で、風俗嬢になって初めて保証割れになりました。それまで保証3万円だったのに愛知では一日2本、そのまま寮費一日3000円を引かれて1万5000円くらいしか残らなかった」

風俗は完全出来高制である。出稼ぎの場合、女の子はその地方の店でいくら稼げるのかわからない。保証とは受け入れる風俗店側が一日の最低賃金を掲げる金額だ。スカウトを通じてOKが出れば、寮の使用や往復の交通費といった費用の諸条件を決めて出稼ぎに行く。

「2月中旬から持って帰れるお金が減った。通常だったら4万円、5万円が普通。出稼ぎだと新人目当ての人がつくので稼げるんです。で、3月の出稼ぎが飛びました。金沢に行くつもりで決まっていたけど、前日になって店からキャンセルされた。突然、行けなくなりました。3万円の保証はとても出せないって。コロナになってから池袋での稼ぎは6割減くらい、出稼ぎも保証が1万5000円とか。だから、3月はずっと働いても50万円しか稼げなかった」

2月の収入は80万円、3月は50万円。100万～130万円稼いでいたコロナ以前とくらべるとまさに激減となった。50万円稼げれば十分じゃないかと思うが、舞ちゃんは翼にお金を落とすためだけに働いている。

「1日も休まないで一日中働いて50万円です。稼げないなんて翼には絶対に言えない。3月末に翼のイベントがあったんです。ホストクラブの昇格祭。翼は幹部補佐から主任に上がった。シャンパンタワーを頼まれていて、楽しみにしているって。150万円がどうしても必要だった。一日も休まないで眠らないで働いたのに、全然足りなかった。どうしようってなって、闇金から30万円を借りました。25万円を2回返す契約でした」

「ホスト行けないなら死にます。だからコロナは怖くない」

24時間体制で待機しても、シャンパンタワーのお金は稼げなかった。焦って消費者金融をまわった。アコム、アイフル、プロミスと大手すべてに打診したが、職場の電話番号が書けないことで断られた。闇金に手を出した。

「翼にそんなこと言ったらがっかりされる。稼げないって思われたり、扱いが悪くなったりするのは絶対に嫌。でも、4月に入ってからは出稼ぎ保証3万円なんてとても出せないって店ばかり。いまの徳島県は保証なしです。今日は1人しかついてないから稼いだのは1万円だけ。寮に泊まったらもう赤字です」

コロナで全国の繁華街が壊滅状態になり、徹底的に稼げなくなったという。LINEにある小さな写真を眺めるかぎり、舞ちゃんはかわいらしい23歳だ。そんな子が24時間体制で働いても50万円しか稼げない。

「ホストに行くのをやめるとか？　それだけはありえません」

語気を強めて言う。一般的には減収分の支出を減らせばいいだけだが、彼女は生活のためではなく、翼のために働いている。どうしても月100万円以上のお金が必要で、コロナ以降、無理して働き続けて結果が出ないことで少し病《や》んでいるようだった。

「風俗やめたからって月100万円以上稼げる仕事なんてないし、コロナでどうなってもこのまま続けるしかない。ホスクラに行かないとか絶対ないです。私、友達も家族もいない。翼しかいないんです。風俗のことを隠すのが面倒くさくて、お母さんに話した。縁を切られました。娘が風俗嬢なんて嫌じゃないですか。だから私も親と縁を切りました。お母さんは妹に悪影響を与えるって。それでいいと思いました。隠しているのが嫌だったし。だから、自分から失望させたほうがいいかなって」

月100万円以上稼ぎ、翼に幻滅されないようする〝コロナ対策〟は、まだなにも浮かばない。稼げない恐怖、ずっと待機する苦痛に耐えながら時間ばかりが過ぎていく。

「東京に来てからずっと働いているので、東京に友達はいないです。つないでくれた鈴木（樹里）ちゃんは、たまたま同じ店の常連ってだけ。本当に私、翼しかいない。ホスクラしかないんです。だから、やめられない。依存です。わかっています。でも、やめようとは思えないし、帰るところもないし。ホスト行けないなら、翼に幻滅されるなら、死にます。だからコロナとか怖くないんですよ」

舞ちゃんの話は終わった。お礼を言ってLINE電話を切った。Tビルがすぐ目の前に見える場所での電話だった。あの鉄製の扉を乗り越え、飛び降りる女の子の気持ちが少しだけ理解できた。

売り上げは4月1日以降、95パーセント減

翌4月22日の21時。再び歌舞伎町に向かった。歌舞伎町の裏側を歩こうと思った。車で移動する。池袋から明治通りを走る、高田馬場、大久保を超えて新宿が見えてくる。

歌舞伎町2丁目に面する職安通りには、たくさんの人がいた。ゴーストタウンと化している歌舞伎町1丁目と違い、ドン・キホーテには黄色いネオンが煌々《こうこう》と照らされ、引き込まれるように続々と人が入っていく。すれ違うのは中国人、韓国人か。日本語だけでなく、いろんな言語が聞こえる。職安通りに車を停めて、歌舞伎町2丁目の裏側から街に足を踏み入れた。

「4月16日からホストクラブはどんどん営業していますね。歌舞伎町は家賃が高い、固定費が高すぎるので休業みたいなことは難しい。いまの段階では店を潰そうかっ

て検討している経営者は多いですね。キャバクラ、ホストクラブも、芸能とかイベントとか本業がある会社の副業の子会社みたいな位置づけで、水商売の子会社を法人ごと潰しちゃうみたいな感じだと思う。コロナがいつ終わるかわからないし、コロナ後に元の歌舞伎町に戻るのかは微妙。休業補償をもらって耐えてみたいなのは得策じゃないです」

そう最新情報を教えてくれるのは、歌舞伎町在住のスカウトマン・山野幸平氏（仮名・25歳）。大学在学中の7年前に歌舞伎町のホストになり、20歳でスカウトマンに転身。歌舞伎町でキャバ嬢、ホスト、風俗嬢など、キャスト全般の仲介をしている。

山野氏は、学費と生活費を稼ぐためにホストになった。大学生の貧困状態を知り尽くし、彼のところにはたくさんの現役大学生、現役女子大生が相談に来る。それぞれの事情を聞きながらキャバクラ、ホストクラブ、性風俗店に斡旋《あっせん》している。山野氏の報酬（スカウトバック）はキャストの売り上げの10〜20パーセントで、常時20人程度を動かしている。

歌舞伎町2丁目の居酒屋や飲食店は、非常事態宣言下で休業要請されているなか営業を続けるところが多かった。どこも混んでいた。筆者は感染の心配もあり、ラブホテル前で山野氏と立ち話をした。

「歌舞伎町での感染が報道された日、4月1日から急に人がいなくなりました。売り上げは僕がホストをはじめた7年前を100とすると、先月（3月）で半減、4月1日以降は95パーセント減くらいひどいことになっています。キャバ嬢もホストも風俗嬢も、いまはちゃんと仕事をしてきたプロだけが稼げている。兼業の片手間みたいなのは、この1カ月でみんないなくなった。消えちゃいました。まったく稼げなくなって、たくさんのホストやキャバ嬢が歌舞伎町からいなくなったし、実際に自殺しちゃった子もいます」

楽して稼ごうと水商売や風俗に手を出したり、兼業で片手間にやっていた人たちが軒並みダメになっているという。閑散とする歌舞伎町で生き残るのは、自分でお客を呼べる、ファンがついている者だけとなった。

「4月に入ってから、僕のところに〝出稼ぎしたい〟って子が殺到です。本当に多すぎる。通常の20倍とか。ＬＩＮＥとツイッターのメッセがひたすら来ます。繁華街の盛況はコロナ感染者数とほぼ相関していますね。4月以降は秋田、岩手、高知とかに女の子を紹介しているけど、もう希望者が多すぎて定員オーバー。向こうの店は選び放題なので、本当にかわいい子しかいらないって。こっちで稼げてない子はもう無理ですね」

山野氏は母子家庭育ちで、自身が貧困だった。安定するには収入と支出のバランスをとるという当たり前のことを学生時代から心がけてきた。今回のコロナのような有事になると、店舗も働く側も、固定費が高い人から破綻していくという。

「本当に突然稼げなくなった。いま混乱しているのは、まず見栄をはってタワマンとかに住んでいる女の子ですね。家賃20万円以上がかかっちゃうと、もう払えない。4月上旬から夜逃げみたいなことも起こっています。逆に7万円くらいのアパートに住んで、固定費を抑えている子は貯金がある。いま休んでもなんとかなっているかな」

山野氏を含む歌舞伎町の住人は〝歌舞伎町はすぐには元に戻らない〟と予測して

いた。キャバクラやホストクラブは固定費が高く、東京都の感染拡大防止協力金50万円では焼け石に水だ。持続化給付金は風営法（風俗営業法）の性風俗特殊営業は対象外であり、多くの店は撤退を検討しているという。これからは居酒屋や飲食店より先に、ホストクラブやキャバクラの撤退が相次ぐようだ。

待機所の風俗嬢の数は通常の3倍以上

22時00分、歌舞伎町から出てアルタ前に向かう。山野氏から紹介してもらったデリヘル嬢・三浦琴乃さん（仮名・24歳）と待ち合わせた。現れた琴乃さんの服装はコンサバ系、黒髪、ナチュラルメイクの真面目そうな女の子だった。

「収入はすごく減っています。新宿中心のデリヘルです。いままで月60万～100万円は稼げたけど、4月は20万円くらいしか稼げてない。3月からお客さんがどんどん減って、いまは信じられないくらい減って待機所は女の子だらけです。フリー客がほとんど入らなくなって、来てくれるのはリピート客だけ。新規の人はほとんどいません」

新宿駅近くにある雑居ビルの２ＤＫが待機所だ。待機している風俗嬢は通常の３倍以上、人だらけの３密でくつろげない。吉原を筆頭に店舗型風俗が続々と休業となって、デリヘルに風俗嬢が流れた。外出自粛要請で男性客が５～６割減となったなかで、在籍女性ばかりが日々増えていく。明らかな供給過剰となっている。

外出自粛要請のなかで外出し、指名するのは三浦さんに会いたいリピート客だけだ。三浦さんが在籍しているのは集客力のある人気店舗であり、これまではフリー客がメインだった。売り上げは激減した。

「私、フリーが多かった。たくさんついていた。稼げなくなったら生活ができないので、女の子たちは待機時間を延ばす。稼げるまで帰れないみたいな感じなので、どうしても待機が長くなる。だから、待機所は女の子だらけ。先週から通常は男性スタッフしか入れない部屋も待機所になって、それでも足りない状態ですね。落ち着けない場所で長時間いるので疲れます」

いま彼女は仕事帰りだ。今日は朝９時から22時まで13時間待機し、客が来れば指定されたラブホテルへと向かう。そして性的サービスをして待機所に戻る。今日、接客したお客は2人、1万8000円にしかならなかった。コロナ前だったら12時間待機すれば、たいてい3万円以上は稼げていた。

「借金あるんです。お金を返さなきゃならないから休めないし、支払いがあるから稼げるまで粘るしかありません」

　彼女はなかなかの美人である。しかし、感情や表情の起伏が薄いという印象だった。疲れているのか、機嫌が悪いのかわからなかったが、どうも風俗嬢の仕事は「できればしたくない」ことが理由のようだった。

　ちなみに2000年代半ば以前は、風俗嬢の働く理由は借金が多かった。借金はいま主流ではない。貸金業法の法改定や総量規制で消費者金融が下火になったことが理由だ。それ以降、日本に貧困は蔓延してしまった。いまの風俗嬢はほとんどが本業だけでは生活ができない、という理由で働いている。

「そりゃ、風俗なんかで働きたくないです。最初から嫌だったし、いまも嫌だし、全然慣れることはないです。情けないし、心が削られるっていうんですか。そんな感じ」

どうして嫌々風俗をしているのか、それを聞いていく。

高校卒業して専門学校に進学した。やりたいことはなにもなかった。手に職をつけようとなんとなく需要がありそうな医療福祉系を選んでいる。自分自身は医療福祉にはなにも興味はない。

在学中の19歳のとき、繁華街のカフェでバイトした。そこで7歳年上のイケメン男性客に声をかけられて、何度かデートして告白。恋人関係になった。

「3年間、付き合っていました。その人が結婚詐欺っていうか。奥さんがいた。借金の保証人にさせられて借金を背負っちゃいました。仕事はスタイリストでカッコよくてお洒落ではあったかな」

専門学校卒業後、医療法人に事務員として就職した。非正規である。給料は手取り13万円程度と安く、社会人になってもやりたいことはなにもなかった。そんな人間が低賃金なのは仕方ないと思っていた。

実家から職場である病院に通っていたので、低賃金でも困ることはなかった。ただ5年後、10年後を想像すると少しだけ不安になる。誰かと結婚するという道しか浮かばなかった。

「彼氏がカッコよくてお洒落、その人と結婚して生きていければいいかなみたいな。お父さんは普通のサラリーマン、実家は3世帯で、母親は家にいなきゃいけない家でした。だから、イケメンと結婚して家を出て自立するのもいいかもって。彼氏は意識が高くて『いまは誰々さんの下で修行中だけど、近いうちに起業する。自分の事務所を立ち上げる』みたいなことをいつも言っていて、私は頑張ってと。相手の夢を応援したいみたいな気持ちは少しあったかも」

500万円の借金返済

閑散とする新宿駅東口の交差点。信号が変わるたびに移動する、極端に少ない人の行き来を眺めながら、三浦さんの話を聞いている。

彼女はスマホを取り出して、所属する店のホームページを出した。A(18歳)という名前の女の子が彼女だった。本人を目の前にしても目線のある写真が同一人物なのかわからない。説明するまでもないが、風俗店のプロフィールは基本的にすべて嘘だ。なにもかも嘘を並べて、さらに写真は加工する。日本人はロリコンが多いので、嘘をつける限界まで年齢は下げるのが通例だ。

〈うぶ美少女『Aちゃん』彡ロリフェイスと美乳、弾力美乳Dカップに興奮(*'▽')元気いっぱい明るい親しみやすい性格でニコニコ笑顔好感度↑↑磨けば磨くほど輝いていく美少女♪♪Hについては勉強熱心！！！〉

少し文面を変えたが、ホームページの自己紹介にはテンション高めにそんなことが書いてあった。

「風俗店ではエッチなことに興味ある元気いっぱいな18歳みたいな設定です。初めてで緊張しているけど、エッチなことには興味ある、経験ないからいろいろ教えてあげてください、みたいなスタンスです。嘘つくのは大好きなんですよ。だから店では嘘ばかりペラペラしゃべっています。去年まで高校生だったとか、部活は野球部のマネジャーだったとか。適当なことを言っていないと気持ちがつらくなっちゃうから」

３年前、自称スタイリストの彼氏と結婚しようという話になった。彼氏は三浦さんの親に会いにきて結婚前提で付き合っている、という挨拶と報告をした。

「彼氏が結婚を機会に独立するって話になった。銀行からお金借りるから保証人になってほしいって言われて、連帯保証人になった。それとお金を貸してほしいって言われて貯金１００万円くらい貸した。金融機関は信用金庫かノンバンクかよくわからない。でもサインはした。それでサインして１００万円を貸してしばらくしたら彼氏は消えたんです」

金融機関から彼氏からの支払いが滞っているという連絡がきて、次は弁護士から請求が届いた。５００万円の借金を返さなければならなくなった。

「それで2年前から風俗です。病院の仕事は辞めました。実家にいながら風俗勤めはしづらいのでアパートを借りて、そこは家賃５万円です。最低限の生活と借金を返すためだけの風俗専業です。返済は分割で月10万〜20万円くらい。コロナ前だったら返せたけど、いまは生活もできないくらい収入が下がっちゃったのでもうどうしていいかわかりません。こんなのがずっと続くのでしょうか。もう、なにも見えないです」

涙目になっていた。いちおう、お金がなければ無理して返す必要がないことは伝えた。破産や任意整理の知識はなにもないようだった。

「彼氏に対しては、もうなにも思ってないです。ただいなくなったときは、ただただ悲しかった。嘘だったことが悲しかった。風俗はやりたくないし、気持ち悪いです。何十人、何百人の客を相手にしても慣れない。そういう行為が気持ち悪い。会ってすぐに、客の全部が気持ち悪いです」

風俗嬢になってから恋愛はしていない。みんな嘘をついているように見えるし、毎日誰かと性行為をしている自分のことも〝汚い〟と卑下するようになった。風俗嬢になってから毎日絶望感に襲われてつらかったが、コロナ騒動が起こってその気持ちがもっと強くなったという。

23時。三浦さんは帰宅した。一人暮らしのアパートは埼玉県にあり、交通費がかかる。風俗嬢は業務委託なので交通費も食費もなにもない。一日働いて1万8００

0円、交通費やコンビニなどで買う食費を引くと残るのは1万5000円程度か。数百万円の借金はとても返済できない。裸やセックスという最終手段をお金に換えて返せないのだから、もうどうにもならない。

2年前に出会った歌舞伎町〝ネカフェ女子〟

三浦さんと別れた後、アルタ前から諏訪沙織ちゃん(仮名・22歳)に電話をかけた。沙織ちゃんは2年前に一度取材したことがあり、当時は歌舞伎町のガールズバー店員だった。童顔でかわいらしい女の子だ。

「あの後、部屋を借りることができて、なんとかやってきました。店はいくつか変わったけど、ずっと歌舞伎町のガールズバーです。でも、コロナで出勤制限がかかっちゃって、もう東京で暮らせない。だから諦めました。1週間前、島根に帰ってきたんです。カニとか牛とかは絶対に嫌だったので、仕事を頑張って探して農家でバイトしていますよ。キノコ栽培です」

沙織ちゃんと出会ったのは、なんとなく入店した西武新宿駅近くのガールズバーだった。開店したばかりの早い時間だったからか、店は暇そうだった。ぽつんとカウンターの中に立つ彼女はダルそうに働いていた。そして、客として彼女の目の前に座った筆者は、彼女に話しかけられた。

「この店で働いて1カ月くらいかな。ホームレスでも雇ってくれて本当に助かってる。そうそう、私、ホームレスなんですよ」

1カ月前に島根県から上京、順調に部屋を借りることができなかった。上京したその日からネットカフェ難民をしていると彼女は語った。

「本当にホームレスで、いま住んでいるのは近くのGってネットカフェ。疲れがとれないし、キツイ。地元は島根県なのね。地元は本当に仕事がない。終わっています。地元の高校を卒業しているけど、就職するならカニ加工か、農協か、介護しかない。選択肢はそれだけ。同級生の7割くらいは高校卒業したら、地元を捨てて広島とか岡山に行っちゃいます。だから地元に残っている人たちはカニ加工して、適当な恋人つくってエッチして、翌日またカニ加工して、給料が出たらたまに1円パチンコか5円スロットして、できちゃった結婚みたいな。親とか祖父母の世代から県民はみんなそういう人生で、それになんの疑問ももたない。退屈が濃縮しているみたいな感じ。私、なんとなく、島根県に絶対にいたくないなって思ったの」

ブラック労働で精神を病んだ

この西武新宿駅近くのガールズバーは身分証明書や住所がなくても、日払いで働くのがOKだった。沙織ちゃんは近くのネットカフェから出勤し、カウンターの中に立っていた。時給1500円、1日7500円だ。昔から歌舞伎町には地方の高校を卒業したばかりの女の子や、家出少女などが集まる。身分証明書の提出を求めてこないガールズバーは、東京に地縁のない地方出身の女の子たちのセーフティネットになっていた。

「本当にメチャクチャです。今のままだと、まずいです。どうにかしないと死んじゃいます」

いったい、なにがあったのか。勝手に自分語りする沙織ちゃんの話に耳を傾けた。

「高校卒業してまず島根のブラックラーメン屋に就職して、一日18時間労働させられて精神疾患になっちゃったんです。Dって薬あるじゃないですか。Dをオーバードーズしたらおかしくなって。もっとたくさん飲んだら楽になるかなって軽い気持ちだった。たくさん飲んだところまでしか記憶になくて、お母さんが言うには、家で涎をダラダラ垂らして暴れて、慌ててクルマに乗せて病院に連れていったって。でも途中で、そのクルマから飛び降りちゃったんですよ、私。記憶にないけど、気づいたら何カ所も骨折して、病院のベッドの上でした」

就職したのは、地元では有名なラーメンチェーンだった。出身高校にはカニ加工、介護、農協、そしてラーメン屋の求人が来ていた。第一志望の農協は面接で落ちた。そして、ラーメン店を選んで新卒で入社している。

「入社した頃はちゃんと人がいた。シフト通りに一日8時間働けば帰れたけど、当時の店長がグチャグチャな人で、どんどん人が辞めちゃった。誰もいなくなって新しい人が来なくて、それで最終的に18時間労働になっちゃいました。私が踏ん張らないと店の営業ができなくて、主婦パートの人とか路頭に迷うので、頑張って働いたの。したら、朝9時から深夜3時までみたいな勤務になっちゃって、いっさい休みなしで3カ月間くらい働いたら精神が壊れちゃった。自分がなにを喋っているかわからなくなって、接客はできるけど、起きている間ずっと接客しかしていないわけ。人とコミュニケーションをとらなくなって現実感を失って、ランナーズハイじゃないけど、なにかラリっているみたいな。そのときは未成年だったけど、お酒に逃げるみたいな状態になって、たぶんアルコール依存症みたいな。最後のほうはお酒飲みながら仕事、みたいな感じでした」

新卒入社にもかかわらず、会社と雇用契約書を結んだ記憶はない。労働時間にかかわらず、毎月手取り23万円が振り込まれた。田舎の未成年にしては給与は高かった。しかし、人手不足から正社員の18時間労働が始まり、3カ月で自分自身が壊れてしまった。

「ラーメン屋を辞めたのは半年前くらい。で、しばらく療養してた。でも、働かないわけにいかないので、介護施設に入職した。初日からワンオペで16時～翌朝10時までの夜勤って言われて、さすがに無理ですって何度も言いました。そうしたらデブでハゲの変な介護職のおじさんに、怒鳴り散らされて追い帰された。だから、介護施設での勤務は実質45分くらい。もう、島根は本当にダメだと思った」

「上京」という貧困トリガー

最近、歌舞伎町のガールズバーは風営法を遵守する。雇用時の身分証明書提出や年齢確認は厳しい。

どの店もとくに未成年を雇わないように気をつけている。写真付きの身分証明が提出できないと働くことはできない。しかし、彼女が働いていた店は労務管理やコンプライアンスにはいい加減で、外見重視でそれなりにかわいければ誰でも雇っていたようだ。

店内には彼女ともう1人、店外には路上で客引きする女の子が2人いるらしい。

「店外にいる2人は、どうみても未成年。アンダー18歳だと思うよ。この店、メチャクチャだよ」と彼女が吐き捨てる。

「中学時代の同級生が群馬にいて、20歳になったら上京するからシェアハウスしよう、みたいな誘いがあったの。東京だったら田舎より仕事あるし、高卒でもアルバイトでも、シェアハウスだったら家賃がそんなにかからないし、いい話だと思った。その子は中学時代の数少ない本当に仲のいい子で意気投合したんです」

沙織ちゃんは母親に上京することを伝え、家族は送別会を開いてくれた。東京で頑張って、と励まされた。

「東京に出てきた初日、その子から〝ごめん、昨日乳がんになっちゃって東京に行けなくなっちゃった〟ってＬＩＮＥがあった。マジでその一行だけ。それで着信拒否されちゃった。シェアハウスを契約したのはその子だし、飛んじゃった状態で途方に暮れました。お金も片道の交通費しか持ってなくて、帰れない。どうしようって。その子が契約した家もどこにあるかわからない。着信拒否だし」

ラーメン屋で精神疾患を患ってから、ほとんど働いていない。島根の自宅を出るとき、手持ちの現金は２万円しかなかった。預金はない。シャアハウスの初期費用は友達に借り、あとから働いて返すという約束だった。片道の交通費は１万３０００円かかった。

東京での初日、残っているのは7000円だけ。ラブホテルに泊まることもできない。その日から漫画喫茶で暮らすことになった。漫画喫茶は安いところでも一泊2000円はかかる。東京3日目。ネットカフェで2泊して、食べ物は立食いそばと吉野家の豚丼だけにして、なるべくお金を使わないようにしたが、残金は2000円を切った。東京の土地勘はゼロで、どこになにがあるのかわからない。

本当に途方に暮れて歌舞伎町を歩いていたとき、このガールズバーの客引き男にナンパされた。事情を話したら、「じゃあ日払いで払ってやるからカウンターに立っていろ」と言われた。それが筆者と出会う2週間前のことだった。

母親の〝売春〟カミングアウト

沙織ちゃんは母子家庭育ちだ。母親は派手な美人タイプで、保険の仕事をしていると言っていた。しかし、家にスーツみたいな正装は一着もないし、保険の書類も見たことがなかった。中学生の頃からずっとおかしいと思っていた。

「島根を出る前日、ママに挨拶したのね。しばらく東京で暮らすからって。そうしたらママ〝本当にあなたの部屋が空くのね〟ってすごく喜んで、東京で頑張っていいよ、いいよってすごく盛り上がっていた。そのとき、〝今まで子どもだったから言わなかったけど、あなたのことは援助交際で育てたのよ。それと風俗。大変だった〟って。驚いたけど、ああ、やっぱりみたいな。ママは私の前ですぐに誰かに電話して〝子どもがいなくなるから、自宅にいつでも来てもいいわ〟みたいな話をしていた。男でしょ。それから、アイドルになると言って広島に行ったお姉ちゃんからもメールがきて〝あんた家出るんだって。じゃあ、あんたの部屋をヒロくんと使うね〟って。ヒロくんって彼氏みたい。だから実家にも帰れないの」

まだ上京して2週間だが、もう実家には母親の愛人が入り浸り、自称アイドルの姉がファンの男を彼氏にして、広島から島根に戻った。

「このガールズバーに拾ってもらって一日7500円の稼ぎだけど、どんな節約してもネットカフェと食費で一日4000円はかかる。帰る場所はない。だからなんとか1日3000円貯めて、東京で部屋を借りるしか生きる道がないんです。事故物件って安いんですよね？　だからネットカフェで事故物件を探しています。敷金礼金なしで、月2万円くらいの家とかないかなぁ」

「東京はもういいです」

4月7日、新型インフルエンザ等対策特別措置法に基づき緊急事態宣言が発令された。遊興施設、運動遊戯施設、劇場等、大学学習塾、床面積が1000平方メートルを超える商業施設などが休業要請の対象とされた。

遊興施設とはキャバレー、ナイトクラブ、ダンスホール、バー、ダーツバー、性風俗店、デリヘル、個室ビデオ、ネットカフェ、漫画喫茶、アダルトショップ、カラオケボックス、ライブハウスなどで、ネットカフェの休業要請が真っ先に問題となった。ホームレス状態でネットカフェで暮らす〝ネットカフェ難民〟が常時約4000人は存在するといわれ、彼らの行き先や処遇が問題となった。

ネットカフェ難民は日雇い労働者、非正規労働者、失業者などさまざまだが、もっとも多いのは沙織ちゃんのような東京で住所を持つことができなかった地方出身の若者たちである。

筆者はリーマンショック時のようにネットカフェ難民は放置されると想像していたが、東京都はすぐに予算１２００億円を組み、５００人分の住居の確保を発表した。東京都がコロナ禍で稼働がないビジネスホテルを借り上げ、ネットカフェや漫画喫茶の会員証を提示するだけで無償で寝泊りができるという施策だった。

本当に素早い対応に驚いた。行政が動かなかったら都内はホームレスであふれる可能性があったが、最悪な事態は起こっていない。

新宿アルタ前。2年前に取材した沙織ちゃんに電話をしている。ガールズバーで話を聞いたとき、どこかで使えるだろうと連絡先を聞いていた。

「コロナで4月1日からまったくお客さんが来なくなって、すぐに出勤制限。その日は21時で帰されました。それからＬＩＮＥがきて、もうしばらく来なくていいって。結局、店は休業しちゃいました。こんな時期なので仕事なんてなにもないし、東京で暮らすのは諦めました。１週間前に島根に帰ってきて、実家の近くに3万円のアパートを借りることができた。仕事はすぐに見つかって、まだお給料をもらってないけど、キノコ農家で働いていますよ。時給８００円。まあいいです。仕方ないです」

ネットカフェ難民から始まった東京での2年間の生活は、目先のことに追われるだけだった。「東京はもういいです。しばらくいい。島根は嫌だけど、田舎でゆっくりします」と彼女は言っている。

怪しげな人々が集う「大久保公園」

この日は、スカウトマンの山野さんと話し、山野さんの紹介で新宿アルタ前で借金苦に悩む三浦さんから話を聞き、沙織ちゃんに電話をして歌舞伎町に戻った。23時を過ぎている。さすがに拡声器を抱え帰宅を促す警官や役人はいなくなって、歌舞伎町1丁目はさらなるゴーストタウンと化していた。暇そうに立ち話をしているのはキャッチで、歌舞伎町の住人だけが居残っている。通行人は、ほとんどいない。

先に述べたように、歌舞伎町は花道通りを越えると風景は一変する。歌舞伎町1丁目も、店舗型風俗店やぼったくり店、キャッチの群れ、未成年の家出少女など、十分に危険を感じる繁華街だが、歌舞伎町2丁目に入るとその次元が変わる。不穏な空気が濃くなる。

そんな歌舞伎町2丁目に「新宿区立大久保公園」はある。町の隅にぽつりたたずむ小さな公園だ。子どもが遊ぶような遊具はなく、24時間夜の住人が時間を潰したり、気分転換したり、客を待ったりする、怪しく不健全な用途に利用されている。

ここは以前、〝ハイジア裏〟という有名な街娼《がいしょう》（立ちんぼ）スポットだった。それが整備されて大久保公園となった。行政によって整備されたからといって、地場《じば》に染みついた歴史や風習が消えるわけではない。大久保公園は新型コロナウイルスの影響で封鎖されていたが、今日も囲われた鉄柱の周辺に怪しげな人々がスマホを片手に立っていた。

男性5人、女性が7人。なにをするわけでもなく、黙ってスマホをいじっている。全員が街娼、買春客ではないだろうか。それでないとそこにいる理由がわからない。黒人女性の2人組、推定三十代の東洋女性は、おそらく街娼だろう。

かつてのハイジア裏は何度も摘発が繰り返された場所だ。日本は売春防止法で売買春は禁止されている。とくに路上で声をかける街娼には厳しく、売春防止法の「勧誘」は罰則規定があり逮捕要件になっている。彼女たちが黙々と立っているのは、法律の影響だろうか。十代と思われる少女もいた。目的はよくわからない。その場所に1時間も立っていれば、少女は買春目的の男性から声をかけられることは確実だろう。

コロナ騒動の直前、大久保公園でずっと座っている女性に話しかけたことがあった。たまたま通りがかかったときに見かけ、新宿駅で用事を済ませたあとも、まったく同じ体勢で座っていた。知らない人物に声をかけることが苦にならない編集者が一緒だったこともあり、声をかけてみた。

野口沙也加さん(仮名・28歳)は脱色髪、黒縁眼鏡、だぼだぼニットにショートパンツ、黒トレンカ、スポーツサンダルというラフな格好に、使い込んでいるブランドリュック、白マスクという姿だった。一言でいえば、近所のヤンキーのような貧乏くさい服装をしていた。

同棲する彼氏と一緒に歌舞伎町に出勤。新人ホストの彼氏は18時から勤務で開店準備。21時出勤の彼女は時間が空く。大久保公園でYouTubeを見て時間を潰していたという。人気YouTuberのマホトが好きらしい。

座り込む彼女に「なにしているの？」と声かけると「え、べつに」と返ってきた。ダメ元で経済状況をたずねると「あたし、貧乏だよ。本当に貧しいから。全然お金が足りない」という。取材を頼むと、暇だからOKとなった。

月収450万円の貧困生活

「歌舞伎町の○○って有名店あるでしょ。そこの在籍。28歳だけど、店では19歳」

沙也加さんが働くキャバクラは時給8000円以上の高級店で、言われたキャスト名を検索すると、目の前の彼女とは似ても似つかぬ華やかな美女がいた。1時間くらいかけて化粧・ヘアメイクして髪を派手に整えるとこの姿になるらしい。今日もこれから念入りな準備をする。

「収入は月々で変わってくるけど、どれくらいだろ、450万円くらいかなぁ。本当に全然お金が足りない。貧困だよ。超貧困だよ」

「月収？」と聞くと、スポーツサンダルの足を掻《か》きながら、当然といったドヤ顔で頷いた。歌舞伎町は昔からおかしい人が多い。とくに歌舞伎町2丁目は普通の女性が出入りするような場所はほとんど皆無で、普通でない人が集まる傾向がある。彼女は「月収450万円で貧困」と断言する。おかしな女性も歌舞伎町のひとつの現実ということで取材を継続した。

「収入だけ聞いたらお金持ちって思うだろうけど、すごく貧乏なの。ほんと貧困、貧困。少ないときで月300万円、多いときは550万円くらい稼いでいるけど、彼氏の借金がまだ400万円ある。それに私の実家が15人きょうだいだから大変なの。わたし15人きょうだいの5番目で、下にけっこういる。大学とか専門とか中学とか幼稚園とか通っているかな。で、実家に仕送り140万円、毎月振り込んでいるから超大変。みんな私の仕送りを待ってるんだよね」

彼氏は1つ年上の売れてないホスト。先々月までグループホームで働いていた元介護福祉士で、2カ月前にホストに転職した。すぐ店で沙也加さんと出会って、彼女の部屋に転がり込んだ。ホストに転職してから頑張って週6日働くが、月収は一桁。生活費もお小遣いも、借金の返済もすべて沙也加さんが面倒をみている。

「それと聖夜があまりにも売れないから、私が通って指名してるの。あ、聖夜って彼氏ね。先月は350万円くらい使ったから。だからお金ない。全部私が使ったお金だけど、聖夜は先月から収入いいはず。でも、借金の支払いはお願いだって。まあ、仕方ないよね」

貧困と主張する損益計算は、とんでもない内容だった。月の収入は450万円、支出は実家への仕送り140万円、ホスト代350万円、彼氏の借金返済30万円、家賃15万円、生活費20万円とのこと。支出は555万円で105万円の赤字だ。赤字は300万円程あった貯金を切り崩していた。

この時点で気づいていたが「月収450万円」「29歳の元介護福祉士が借金400万円」「15人きょうだい」と、発言のすべてが現実離れしている。繰り返すが、これも歌舞伎町のひとつの現実ということで取材を継続した。

家に金を入れるか、縁を切るか、死ぬかの3択

福岡から上京したのは8年前。20歳のとき。実家は15人きょうだい、上から5番目。弟と妹たちのため、140万円を毎月父親に振り込んでいる。彼女と同じく、筆者も暇なので詳しく聞く。

「きょうだいでも血はつながってないの。うちの父親がヤクザだから。奥さんがたくさんいる。暴走族のレディースみたいな人たち。きょうだいは結局、その人たちの子どもの寄せ集めなのね。うちの実のお母さんは2人目で、3人目の妾《めかけ》、4人目の愛人、5人目の彼女みたいな。お母さん以外の妾と愛人と彼女の子どもが下にたくさんいるの。一夫多妻制みたいな」

兄たちは福岡や大阪でサラリーマン、妹はホステス。家への仕送りは収入によって変わるらしい。人気キャバ嬢と自称する沙也加さんだけがずば抜けて高額で、月々140万円と家父長である父親に決められた。

「母親はキャバ嬢だったのね。両親の出会いはお父さんがその繁華街のケツモチで、キャバ嬢だったお母さんが気に入られた。で、私がデキちゃった。5番目だからい

ちおう、長男から13番目までは一緒に暮らしたことあるかな。全員顔も性格も全然違うし、ヘタしたらお父さんも違う。本当は舎弟の子ども、みたいな。だから、面白家庭」

ぶっ飛んでいることを当たり前のように語る。どこから突っ込むか迷ったが、とりあえず、仕送り140万円は高額すぎる。

「それは、女だから。ヤクザって女は入っちゃいけない。ヤクザとか暴走族とか暴力団は、女の子には手を出せないの。ヤクザが守れるのって女とか子どもだけ。男は舎弟。上は全員男で私が長女なので、だから、出稼ぎに行って稼いでって。家の宿命を背負っているんですよ」

嘘か本当かわからない話を、何度も頷きながら語る。

「うちの家庭は20歳になったら、家に金を入れるか、縁を切るか、死ぬかの3択を迫られるの。お金を入れるしか選択肢がない。私がいちばん高いけど、お兄ちゃんたちも全員お金を入れてる。お父さんはヤクザだから逆らえないし。お兄ちゃん2人はヤクザになって免除。ヤクザになったら免除なのね。お父さんには最初『お前は３００万円！』って言われた。けど、話し合って１４０万円にしてもらったの」

高校を卒業して福岡・中洲のキャバクラ嬢になった。すぐに売り上げ上位に入ったらしい。ナンバーワンキャバ嬢になったとき、生まれて初めてお父さんに褒められた。収入は月１００万円近くあった。「歌舞伎町か六本木に進出すれば、お前なら３５０万円は稼げる」と、お父さんは太鼓判を捺した。

20歳になったとき、親子面談で３００万円の仕送りを要求された。１４０万円で合意して上京。ヤクザより遥《はる》かに高額な上納金を20歳の娘が払っている。異常な家庭、彼女は愛情を受けてこなかった。男がチヤホヤしてくれ、お父さんが絶賛するキャバクラにハマった。枕営業も積極的にしている。

「やることが好き。やるって、セックスね。こんな楽しい仕事あるんだって。だから歌舞伎町で働くのも上京前から楽しみで、店で知り合った政治家とか経営者とかの愛人っていうの。そういうこともしてる。偉いおじさんは一度のセックスで50万円くらいはくれる。キャバクラってチヤホヤされるし、自分の成長にもつながる。すごくいいよ」

8年前に歌舞伎町に来て、ずっと隣町の新大久保にあるマンションで暮らしている。同棲する彼氏はレギュラーホストで、歌舞伎町の500メートル圏内から出ることはない。レギュラーホストとは一般社会では常勤みたいなもので、フル出勤する専業ホストのことを指す。

現在の沙也加さんの生活を聞いてみた。14時頃に起床、15時頃に彼氏とセックスする。17時30分頃に彼氏と一緒に家を出て、ホストクラブ前で出勤を見送る。彼氏との同伴がなければ、大久保公園か西武新宿駅前のスタバで時間を潰し、沙也加さんは19時半頃にキャバクラに出勤する。

1時間以上かけて念入りにメイクし、20時半頃から接客。1時に閉店して、常連客とアフターする。お金をくれる特定の客とはラブホテルでセックスすることもある。そして精液を洗い流し、2〜3時頃に彼氏のホストクラブに駆けつける。彼氏を指名して、先月は350万円を使ったらしい。

「聖夜と付き合ったのは2カ月前から。けど、8年間ずっとそんな感じ。気に入ったホストがいれば一緒に暮らして、飽きたら捨てちゃう。どうしても彼氏に200

万円以上は使うから、本当にずっとお金ないの」

食べ物はコンビニ弁当かピザ、たまに歌舞伎町の大阪王将に行く。プライベートはセックスとホストだけ。

「地味な生活だよ。いつも節約しているし」

沙也加さんは女子としてのスペックは高くない。歌舞伎町の有名店には在籍できない。筆者と編集者は〝見送る〟と言って連いていった。彼女はスポーツサンダルをぺたぺた音を立てて歩きながら、本当にその有名キャバクラ店に入っていった。


おかしな自称有名キャバ嬢と話したのは、コロナ直前だ。

4月22日深夜の大久保公園――。いまは黒人女性と未成年少女がいる。筆者も立っている。話が本当だったら沙也加さんは現在、キャバクラで働いている時間だ。携帯電話の番号を聞いていたのでかけてみた。

「おかけになった電話番号は現在使われておりません」

携帯電話から何度も聞いたことがあるその声が流れてきた。

第二章　女子大生の〝セックス無間地獄〟が始まった

2020年3月9日の夕刻。永田町の議員会館。ある衆議院議員の先生に〝大学生の貧困〟の現状報告に行った。東京六大学在学中の現役女子大生に現状をそのまま語ってもらった。筆者はエンタメ出身のライターで国会議員と接するような立場ではないが、この数年、日本の行きすぎた貧困化と階層化がきっかけとなって社会状況が変わっている。

我々エンタメ系のライターや編集者は貧困層や社会底辺の知見に関しては、長年の蓄積がある。これまで議員などに対しては、ブランディングが成功した社会活動家や大手新聞の記者など、〝上流〟同士で情報交換がされていた。だが、平成時代の壮絶な日本の貧困化で情報が追いつかなくなったのか、筆者は底辺の人々の実情や生活、動向に関して聞かれることがここ数年で増えてきた。

現在、日本は勤労世代（20〜64歳）の単身女性の3人に1人、シングルマザーの50パーセント以上、子どもの7人に1人が貧困状態にあるといわれている。なかでも深刻な状態に陥っているのが現役大学生だ。大学の制度変化や高齢者優遇の潮流、親世代の無理解などの事情が重なって、10年ほど前から一般女子学生が続々と風俗や売春、男子学生は犯罪に加担する仕事を余儀なくされている。もはや風俗や水商売の現場は、現役女子大生まみれだ。正直、異常なことになっている。

現役女子大生だらけのピンサロ

永田町の議員会館に一緒に行った三宅亜梨子さん（仮名・21歳）は、東京六大学文系学部の3年生。九州出身で大学近くのワンルームマンションに一人暮らし。大学で真面目に勉強しながら、夕方以降は中央線沿線にあるピンクサロンでアルバイトをする。ピンクサロンとは男性客を口淫によって〝抜く〟、古くからある店舗型性風俗の形態だ。報酬が安く不衛生なこともあって、性風俗のなかでは底辺的な存在といえる。

「ピンサロで働き始めたのは大学2年の夏休みからです。どう考えても大学生を続けるためには、もうそれしかないって判断でした。○○駅近くのピンサロで30分8000円の店、時給2000円。基本時給に指名料や歩合給がつきます。コロナ前だったら一日2万円くらいは稼げて、いまはその4割減くらい。仕事内容はお客一人につき30分で15分しゃべって15分でプレイとか。5分だけでパッと抜いちゃってバイバイとかもありますし、いろいろ。ウチの店は若い女の子売りで有名店みたいで、マジで若い女の子しかいないないですね」

議員先生が知りたいのは、現役女子大生の過酷な状況だろう。筆者も三宅さんとは会ったばかりで、個人的な事情はわからない。議員や秘書の方がどんな質問でも投げることができる雰囲気をつくり、解説しながら、筆者はいつもどおり「どうして風俗嬢をしているのか？」をテーマに話を聞き進めた。

この日は緊急事態宣言発令の前、まだ都内の風俗店は何事もなく営業していた。

「店の女の子は女子大生だらけ。女子大生しかいないです。仕組みを最近知ったのですが、店はガールズバーのダミー求人で学生を集めるんです。応募の敷居を低くして、実際の対面の面接でピンサロに誘導する。私もきっかけはそれでした。大学2年のときにお金に困って、ガールズバーの時給1500円の仕事に応募しました。普通のバイトよりは稼げるかなって。面接に行ってみたらガールズバーはキツいし、お金にならないって話をされて、アフターとか同伴、枕もあるって。大変っていう説明をされて、実は……みたいな」

不衛生で割に合わないピンサロは、若い風俗経験者からの応募はない。虚偽の広告など、かなり強引な手口でなにも知らない素人女性を集めている。具体的にはフロアレディなど、水商売のイメージが強い求人広告で応募のあった女性を面接でピンサロに誘導する。お金に困って無知で若い、しかも素人という地方出身の現役女子大生は格好のターゲットとなっている。

ピンサロは東京の各地にあるが、中央線沿線は女子大生、巣鴨は東北出身の素人女性がターゲットなど、店や地域によって得意な属性がある。そうして風俗経験のない一般女性たちが続々とピンサロ嬢になる。ピンクサロンが素人女子だらけ、なのは本当なのだ。

彼女が勤めるピンサロはそれなりに有名店で、多摩地区にあるほぼすべての大学に在学する女子大生が在籍している。そして、そのほとんどが地方出身者で真面目に学生生活を送っているという。

「ガールズバーの面接で出てきた人には、『お客さんって枕目当てで来ている、そこをサービスにしちゃったほうが手っ取り早い』って理由でピンサロを勧められた。じゃあ、とりあえず体入（体験入店）だけ行ってみます、となって入店した感じです。それが去年の7月。それまでは普通に昼のバイトを転々として、2年の夏に限界がきちゃいました。もっと手っ取り早くお金が欲しいと思いました」

「上野公園のハトのほうがいいものを食べている」

三宅さんの収入と支出の内訳を簡単にみてみよう。

多摩地区の住宅地にあるオートロックマンションは家賃6万5０００円。光熱費2万円、携帯代8０００円、食費4万円がかかる。固定費だけで13万円弱だ。これにサークル、交遊、洋服、書籍、交通費などを含めると、月の生活費は20万円近くになる。第二種奨学金、月12万円をフルで借りていて、学費を引いた残りを生活費にあてている。

これまでさまざまな時給で仕事をしてきたが、授業とサークル以外のすべての時間を効率よく使って働いても、せいぜい月8万円にしかならない。全然、お金が足りない。大学2年の夏休み、水商売しかないと面接に行って誘導されるままピンサロ嬢になってしまった。現役大学生の一般的な、かつ典型的なパターンだといえる。

「夜をすれば生きていけるんじゃないかって。大学1年、2年の前期は支払いに追われて、本当にギリギリでした。生活費を削って、食費も限界まで削って、家賃とか光熱費の支払いにあてた。ご飯も上野公園のハトのほうがいいものを食べている、みたいな。学費は奨学金で払っていて、親からの給付はほとんどないです。ゼロに近くて、そういう子は同級生にもたくさんいます。みんな経済的に追いつめられています」

父親は50代前半、地方自治体の公務員だ。地方では中流以上の家庭である。バブル世代の父親は、現在の若者たちの深刻な貧困を知らない。進学で上京するとき、「俺も学生時代は苦労した。お前を甘やかさない」と釘《くぎ》を刺して東京に送りだした。甘やかさないとは学費は奨学金、生活費は自分でアルバイトをして稼げ、ということだった。

「父親は娘の学費を出すのは甘やかすって感覚ですね。どうしてもお金が足りないとき、仕方なくお金を出してくれるみたいな。お金はいつもないけど、ないことを言いにくいし、言えません。上京してすぐにスーツ屋さん、雑貨屋、歯科助手みたいなこともやったかな。どこも時給は1000円とか1100円とか。それなりに忙しく働いて月8万円くらい稼いで、いつもギリギリで、ご飯は納豆と味噌汁《みそしる》だけみたいな。家賃、携帯代、ワイファイ代もかかって、電気代がすごく高い。求人を見てガールズバーがぱっと目につきました」

53歳の父親はバブル世代だ。当時の大学生は恵まれていた。文系大学生は遊び、サークル活動とバイトに明け暮れ、ほとんど勉強しなくても卒業できて大企業から内定が出た。貧困家庭出身で経済的に苦労する学生は「苦学生」と呼ばれ、社会は頑張る学生を応援して、バイトと勉強を両立する意識の高い若者として美談となっていた。

当時の昭和型苦学生は新聞奨学生に代表される肉体労働で、親も社会も学生を応援する空気があった。三宅さんの父親は高校卒業して上京、中堅大学に進学した。学生時代はお金がなく、授業はさぼりがち、飲食店や引っ越し手伝いなどのバイトに明け暮れた。なんとか卒業して、学生時代の苦労を美談としてたまに娘に語っている。

現在は、学生が従事する労働集約型のサービス業は末端の非正規労働者を最低賃金で働かせている。そのようなシステムができてから、学生は生活に必要なお金が労働集約型の非正規労働では稼げない。大学で勉強したい学生ほど、必然的に高単価の付加価値の高い非正規労働に流れることになり、女子大生は風俗嬢まみれになってしまった。

恵まれた親世代は、現在の大学生を取り巻く環境の変化をなにも知らない。三宅さんの父親が「娘は甘やかさない」という自分の世代の価値観を家庭に持ち込んだことで、娘はピンサロ嬢になってしまった。

情報統制と成績管理でマインドコントロール

もうひとつ大きな違いがある。学費が高騰の一途にあり、独立行政法人日本学生支援機構（JASSO）の奨学金受給者は大学生の約3人に1人といわれる。消費税も10パーセントとなって学生の負担も大きくなっている。恵まれて育った大学生の親たちは、現在の若者たちの苦境に無理解、無知であり、大学生たちはとことん追いつめられている。親は自分たちの学生時代が頭にある。現在の大学生たちがどんなに追いつめられても、その苦境に気づかない。

「体験入店で初めて知らない男の人にそういうことをして、あれよあれよと。ほんと自分でもビックリで、私、ヤバいことやっちゃったな……って。親にバレたらまずいなと思いました。それからは大学が終わって、そのまま店に出勤の生活です。セーラー服とか下着姿で、毎日何人もの男性の相手をします。17時から22時。時給2000円でお客さんひとり1000円、写真指名で1500円のバックです。指名をもらわないとお金にならないし、お店もうるさい。店長から圧力かけられて辞めちゃう子とかもいます。成績悪いと指導が入る。先生に怒られるみたいな感じで、裏に呼ばれて怒鳴られるみたいな」

素人女性を集めるピンサロは、在籍の女の子たちを厳重に管理しているところが多い。指名や成績にうるさいのは一般的であるとして、客だけでなく、他の女の子との連絡先の交換、友達付き合いなどが禁止されている。

ピンサロはなにも知らない女の子を性労働に誘導していることもあり、働いている女の子になるべく情報を与えたくない。たとえば同じ風俗でも他業種の条件がいいと知れば、辞めてしまう。女の子はなにも知らないほうが店に都合がいいのだ。

ピンサロは店内だけで完結する色恋、仮想恋愛みたいな関係にならないと指名はこないという。指名の成績が悪いと、店長に怒られる。彼女だけではなく、全員が必死になって指名を取りにいっている。

「色恋営業です。みんなどちらかというと、真面目な女子大生なので卒業したら就職します。それでピンサロを辞める。だからお客さんに〝大学卒業したら外で会うね〟みたいな適当なことを言っています。〝卒業したら恋人同士になろう〟くらい言っちゃっています。お客さんは店外で、みたいなのを求めてくる。その気持ちを利用して指名につなげるわけです。ピンサロで指名するようなお客さんって、恋愛経験がなさそうなヤバめの人が多い。怖いけど、私が適当に言ったことを信じている人もいるかもしれません。本当になにやっているんだろうって思いながら、毎日、毎日嘘ばかりついています」

風俗で働いても大学生活を続けられない

いまの大学生は授業、バイトと忙しい。三宅さんは朝9時か10時くらいに登校して履修している授業を受ける。15時か16時に授業が終わると、部室やサークル室のある棟に寄って友達やサークル仲間に挨拶する。ピンサロに出勤しなければならないので、談笑は控えめに繁華街に行かなければならない。ピンサロ嬢であることは、親は当然、大学の友達にも秘密にしている。

ピンサロやソープランドなど、店舗型風俗店は風営法で営業地域が定められている。法律に基づいた許認可の関係で、繁華街の一角に集まっている。どこの繁華街でも、風俗店は街の中でもっとも怪しい場所に密集している。三宅さんは出勤して店に入るとき、大学の友達がいないか、誰にも見られてないか見回してから入る。

更衣室でパンツが丸見えとなる安っぽいセーラー服に着替えて、男性客が待つ席へと行く。17時に出勤、22時まで、ひたすら知らない男性相手に性的行為を繰り返している。

「キツいお客はたくさんいます。30分まるまるサービスを求めてくるとか、いろいろ要求してくる人ですね。こっちがサービスしてあげる分には全然構わないけど、ずっと触られまくるとか。全部脱いで、こういうポーズしてとか。おじさんは話が通じないし、いろいろ嫌……ですね。やらなくて済むならやりたくない。けど大学卒業するためには仕方がない。本当に情けないし、毎日落ち込んでいます」

議員会館で三宅さんは、つらいはずの話をどんどん語っていた。普段仕事のことは誰にも言えない。ストレスのかかる仕事であり、吐きだす場所がない。話して大丈夫という環境になると饒舌《じょうぜつ》になったりする。大学生をしながら風俗嬢をするのは、もう一般化している。彼女が話しているのはどこにでもある女子大生の日常なのだが、話を聞きながら筆者と同年齢という女性の秘書の方が泣いてしまった。

「結局、風俗ってカラダを売っているみたいな感じもあるけど、心も売ってるところもあります。色恋営業とか心をすり減らすっていうか。思ってもない嘘ばっかかついて、思ってもないことをキモいオッサンに言っているとき〝マジで私、なにを言ってるんだろ……〟みたいな。プロ意識が高い人だったら源氏名《げんじな》と本名の自分をスッパリ切り替えられると思うけど、私は私っていう感じなのでつらいのかも。キモいおっさんに〝好きだよ〟とか〝付き合おうね〟とか〝本当に大好き。愛しているよ〟とか。疲れるし、虚無になります」

女子大生だらけのピンサロは、貧困国であり男尊女卑社会である日本を象徴する場所だ。春になると卒業の4年生は性的行為漬けの日々から抜け出し、それぞれの道へと就職する。そしてゴールディンウィークを過ぎたあたりから、経済的に行き詰まった1年生や2年生が入ってくる。

ほとんどの女の子たちは三宅さんと同じように経済的に行き詰まり、インターネット検索でガールズバーの求人に応募、面接担当のスタッフにピンサロに誘導されてしまった女の子たちだ。日々、全裸になって中年男性に性的サービスをする厳しい仕事も、周りに同じ経済苦で同じ境遇、同年代の仲間がいるのでなんとなく慣れてしまう。

この中年男性への性行為がセットになった絶望的な学生生活は、地方出身で、都市圏でキャンパスライフを送る女子大生たちの現実だ。

「風俗嬢になって男性に対する見方は変わってしまいました。どうしても、損得勘定が働いちゃいます。お金が発生しないエッチとかしたくない、みたいな。ピンサロをやる前は大学にセフレとかいたけど、もう面倒くさい。だから彼氏とかつくらないし、つくりたくない。いらないし、恋愛とかしたら風俗続けられなくなって卒業ができません。どっちにしろ卒業まで風俗を続けるしか選択肢がないんです。いいとか悪いとか、私が嫌とか嫌じゃないとか、あまり関係ないです。やるしかないわけですから」

とりあえず話は終わった。秘書の方は現役女子大生の惨状を知らなかったようで言葉を失っていた。彼女の語りが終わって議員会館の会議室は静まり返った。

この日から1カ月後、三宅さんからLINEで近況報告が送られてきた。勤めるピンサロは緊急事態宣言がされても営業自粛することはなく、時間短縮、出勤制限をかけて営業を続けているという。指名の少ない半分の女の子は出勤制限がかかり、店長から来なくていいと言われた。生き残った彼女はコロナ感染におびえながら出勤し、男性客に性的サービスを継続する。収入は半減となり、生活はできなくなった。学費納入の延長を申請、12万円の奨学金をすべて生活費にまわして乗り切るようだ。

コロナによって〝女子大生が中年男性に裸になって性的サービスをし、精液を浴び、さらに精神をすり減らしながら疑似恋愛を提供しても、大学生活を送ることができない〟という事態になってしまったことになる。

卒業後は奨学金の返済地獄が待っている

ここで、この数年で社会問題となっている大学奨学金の説明をしておこう。ちなみに三宅さんは有利子の第二種月12万円をフルで借りている。来年の卒業時点で、元金576万円の借金を抱えて社会人になる。

2004年、経済的理由によって修学困難な学生に学資の貸与をしていた日本育英会が廃止され、独立行政法人日本学生支援機構(JASSO)に改編される。それから〝奨学金〟は変貌した。日本学生支援機構は財投機関債や民間からの資金を財源とし、奨学金制度を金融事業として展開。財投機関債が原資となると政策金融公庫や住宅金融支援機構と同じであり、まさに金融ビジネスとなる。

第二種奨学金の金利上限は年3パーセントだ。将来的に金利はどうなるか、誰にもわからない。コロナ禍の経済支援で日銀が国債買い入れ上限を撤廃したことで、いずれハイパーインフレが起こるという説もあり、三宅さんは20年間負債を抱えながら総額800万円近い返済を迫られる可能性もある。

仮に年利3パーセントとなれば、株式会社への融資やカーローンとたいして変わらない。金融ビジネスにもかかわらず、親世帯の収入が低いと認められれば、審査パスという矛盾した仕組みで、無担保のうえ、債務者である学生本人の弁済能力は問われない。当然の結果として返還滞納が問題となる。

将来なんの職業に就くかわからない、働くか働けるかもわからない高校卒業前の未成年に多額の有利子のお金を貸すのは、どう考えても無謀だ。救済制度はほとんどなく、大学卒業後から始まる月々の返済は容赦ない。3カ月間延滞となればブラックリストと呼ばれる個人信用情報機関に個人情報が登録されて、債権回収会社が取り立てる。実態は学生ローンであり、実態が可視化されてからその仕組みに批判が集まっている。

元金576万円に利子がつき、返済総額はその金額を上回る。受験勉強をしてやっと東京六大学に入学し、在学中は心を削りながら卒業のために仕方なくピンサロで中年男性に性行為を繰り返した。やっと解放されたと思ったら、次は自己破産相当の負債の返済を迫られる。さらに就職直前にコロナが起こり、学生時代に経験した中年男性への性行為で恋愛も放棄しており、これから先の長い人生にはもう暗雲が立ち込めている。

日本学生支援機構の奨学金はあまりにも問題がある制度だ。しかし、文科省の所管ということで親や高校進路担当者は、進学を希望する生徒に気軽に奨学金を勧める。また三宅さんの53歳の父親のように「甘やかさない」みたいな無理解、無知が理由で、親が子どもに積極的に借金を背負わせたりする。本人は未成年なので仕組みを理解しないまま、高校と親の促すままに契約をする。そして卒業するために性風俗に誘導される。もう、ムチャクチャなのだ。

34時間、風俗店に待機

２０２０年4月24日17時30分、池袋。現役女子大生・仁藤美咲さん（仮名・20歳）と待ち合わせた。仁藤さんは医療福祉系大学に通いながら、池袋でデリヘル嬢をしている。17時に店が終わり、そのまま会うことになった。

やってきた仁藤さんは黒髪、理知的、清楚《せいそ》な女の子だった。誰も風俗嬢とは思わない見た目で、絵に描いたような優等生という印象だ。

「○○大学の理学療法学科です。就職先はまだ全然決まってなくて、コロナで実習が進まないのでどうなるかわかりません。本当は4月、5月は病院で実習だったけど、中止になりました。学校が休みのいまのうちに働いておこうって、3月上旬に休校になってから毎日出勤しています。これから別の地域のデリヘルに出勤で、朝までやります」

今日のスケジュールを聞くと、かなり過酷だった。

朝9時にデリヘルの待機所に出勤、17時まで勤務。今日は3人のお客がついて2万7０００円になったという。そして我々の取材を受け、終わり次第、電車で30分以上かかる別の繁華街のデリヘルに出勤する。そこで朝5時まで勤務して、そのまま池袋に移動して朝9時に出勤する。移動時間含めて34時間、風俗店に待機してお客をとるという。

明治時代の遊郭を描いた1987年公開の映画『吉原炎上』では、吉原に人身売買で売られた女性の悲劇が描かれたが、正直、仁藤さんの状況はたいして変わらない。

「大学の学費は高いです。春に120万円納入で、秋に55万円なので教科書とか雑費を含めたら年間200万円近く。それが4年間です。奨学金は一種と二種を満額借りて、入学当初は足りるって計画が立っていたけど、全然無理でした。どうにもならなくなって、大学2年夏から風俗です。私の家の方針では、大学は義務教育じゃないし、行かなくても高卒で就職できるんだからお金は自分でやりくりしろって。奨学金一種と二種をあわせて月18万円を借りて、足りない分は高校時代のアルバイトで貯めた貯金を使っていました。1年ちょっとで尽きました。部屋は大学の寮みたいなところで4万円と安いけど、ほとんど大学と待機所で過ごしてるんで光熱費はかかってないかな」

母親だけのシングル家庭で高校生の弟がいる。母親は収入が少なく、弟と団地暮らしをしている。〝親が面倒をみるのは義務教育まで〟という方針で、高校はランクを下げた私立高校に特待生（入学金・授業料免除）として進学し、当然大学以降は親からの給付はゼロである。在籍するのは学費の高い医療福祉系で、さらに一人暮らしをしている。医療福祉系は資格養成所なので出席は厳しく、授業や実習もたくさんある。

大学だけで十分忙しいなか、学費も生活費もすべて自分で稼げという環境で、稼げなかったら退学するしか選択肢がない。資格養成の大学なので資格取得できなければ、なんの意味もない、いままでの投資が水の泡となる。

「高校3年のとき、大学のお金はどうしようか考えました。第一種と第二種奨学金を満額借りて18万円×12カ月で年間216万円。そのお金で学費を払って、生活費は自分で稼ごうみたいな計画でした。途中の4月と9月に授業料の支払いがあって、高校から続けていたアルバイトがあるから、なんとかなるだろうと思っていました。

前のバイトは月によって違うけど、だいたい月8万円くらい。夏休みは10万円とか。年間100万円くらい稼いでいました」

年間100万円で家賃を払って生活するのは厳しかった。相対的貧困のラインに乗っているし、生活保護基準より圧倒的に低い。貯金を切り崩しながら1年半は乗り切ったが、挫折した。スマホでもっと高単価な仕事を探しているとき、風俗の求人広告が見つかった。それまで男性経験は1人だけ。とても自分ができる仕事とは思わなかった。でも、それしか選択肢がなかった。

本番強要と上から目線の説教

仁藤さんは惚れ惚れするような清楚な外見だ。かわいい。高校も大学も成績はよく、高校でも大学でも、真面目な優等生という立場なようだ。

「高校時代の貯金は100万円は超えてました。進学のこともあって趣味が貯金でしたから。500円玉の貯金をひたすらやって、大きなアミューズメント施設と池袋の焼き鳥屋さんのダブルワークをしていました。高校は私立の特待生です。だから私の家みたいな義務教育以降は自立みたいな友達は誰もいなくて、クラスでバイトしているのは私だけでした。高校のときはメチャクチャ真面目に勉強したし、成績もよかったし、メチャクチャ真面目にバイトするしって感じでした」

大学に進学すると、やはり年間200万円弱の学費が重くのしかかる。節約を心がけ、いつもお金の心配をしながら学生生活を送った。学食と自炊のどっちが安くなるかもきっちり計算した。

入学時の納入費用は親戚にお金を借り、高校時代に貯めた100万円の貯金でなんとか大学2年の春納入まで乗り切った。大学2年の夏休み、貯金はほぼ尽きた。奨学金を家賃や生活費にまわして、秋納入の55万円と実習費用がどうしても足りなくなった。

「ネットでそういう仕事があるって知ってから、看護学科でそっちで働いてる同級生に聞きました。『西川口で働いてるよ』『池袋だよ』とか。じゃあ、そこで働こうと思って池袋にしました。デリヘルです。看護学科はキャピキャピしてる感じだったり、風俗やってるよっていう子がいっぱいいます。隠さずに話すような感じの子たちで、へえ～みたいな。たぶん、私は風俗はしないだろうなって聞いていたけど、まさか自分がやることになっちゃうとは……」

大学2年になって貯金が尽きてから、教科書代の捻出に困った。追い打ちをかけて実習費、研究費が請求された。医学書、専門書なので教科書代は10万円近く。さらに実習は自費でのホテル暮らしをしなければならない。2週間ホテルに泊まると10万円以上がかかる。

「去年の夏に貯金が30万円を切ったんです。その時点でヤバい……と思って、破綻したことに気づきました。実習で地方に飛ばされるのは抽選で、私が地方になるかもしれない。そうしたら絶対に足りないんです。秋の学費納入も控えていて、そこで風俗を始めました。看護学科の友達に紹介されたスカウトから入った。そこから始まって実習で山梨に行ったときは、山梨のデリヘルで働いて、もう学校以外は出勤しているような生活になりました」

池袋の客層が悪いことは風俗嬢の間では有名だ。

富裕層や紳士は少なく、労働者階級による本番強要が日常茶飯事という。さらに中年男性は抜かれたあと、「こんな仕事をしちゃだめだ」「そんなにブランド物が欲しいのか」みたいな説教する者もたくさんいる。

お嬢様風で清楚な雰囲気の仁藤さんは、少なくとも気が強そうには見えない。上から目線の説教や、本番強要にも毎日のように遭遇する。

「本強は毎日です。みんなに〝風俗をやってるようには全然見えない！〟って言われます。清楚で未経験みたいなので売っていこうみたいな。お金になるなら全然いいです。最初の頃は10時間待機で一日3万〜4万円は稼げました。昼から終電までって感じ。新人期間がすぎてだんだん減ったのと、最近はコロナでどんどんお客さんが減って。一日1万円の日もあれば、お茶（ゼロ）の日もあります。コロナ以前は週6日出て月100万円近くは稼いでいました」

「こんなコロナの時期に風俗に来る人は質が悪い」

去年の8〜12月までは順調に稼げた。お金がかかる2年時の実習は乗り切り、3年秋の学費を支払えた。次の4年春の学費も支払える算段がついた。

高校時代から付き合っている彼氏はいる。バイト先で知り合った。彼氏は4歳年上の社会人で風俗をやっていることは知っている。大学と仕事でスケジュールはビッシリであり、会う時間はあまりない。

仁藤さんは男性経験1人の状態で風俗嬢となり、怒涛《どとう》のような性的行為漬けとなった。

「風俗の仕事に心なんてないかもしれない。なにも考えずにやっています。自分自身だと思って働きに行ってない、清楚でエッチな源氏名の私は、みたいな。演技、演技、演技、みたいな。恋人っぽくっていうのがお店からの指示だったので、自分なりに無理して恋人っぽくやっています。距離感を詰めてイチャイチャするみたいな。おじさんとか普通に喜んでるんじゃないかな」

卒業までこのままフルで奨学金を借りると、元金が18万円×48カ月＝864万円。自己破産相当の大きな負債を抱えることになる。卒業後の奨学金返済も視野に入れ、フル出勤に近いデリヘル勤務を継続していた。そんな矢先に新型コロナが襲ってきた。

「こんなコロナの時期に風俗に来る人は質が悪いです。池袋はただでさえ質が悪いのに、いまは最悪です。普通に挿入されちゃいます。レイプです。蹴れるときは蹴るんですけど、結局は力で負けちゃうんで。この前、一日4人連続みたいなときがあってため息がでました」

2月中旬からだんだんと客が減った。そして3月の収入は半減となった。3月は40万円程度しか稼ぐことができなかった。

「半分以下です。いままで一日だいたい5、6本くらいついていたんですけど、全然つかなくなった。多くても3本です。3月から4月頭までは〝今日は3人もついた。やった!〟みたいな。お茶も続くし、出勤しても交通費だけかかって意味がないじゃんっていう状況です。まだ大学は1年間残っているし、就職活動もあるし、3月からほかの街でも働いてます」

男性客が半減、7割減とどんどん減るので、必要なお金を稼ぐならば長く待機するしかない。3月にダブルワークを始めてから、一日中ずっと待機所にいる。家に帰る時間もなくなった。池袋に9～21時、もうひとつは22時から朝5時。今日もこれから出勤だという。朝5時の始発以降でこっちに戻り、また池袋に出勤する予定だ。待機所で眠ることができるから体力的には問題ないという。

「コロナ騒動のなか、知らない人と毎日触れてます。大学の医療の授業で感染経路とか感染症とか、そんな話をさんざん聞いてるのに〝なにを私はやってるんだろ……〟って思いながらやっています。看護学科の友達は私が風俗していることは知っているけど、ほかの学科の人たちはまったく知らない。成績は学科でいちばんいいほうで性格が真面目だし、この外見なので、誰もそんなことをしているとは思ってないはずです」

カラダを売る生活は、大学卒業では終わらない

彼女が通う大学は資格養成系だ。就職先は介護福祉関係になるだろうか。余計なことは言わなかったが、朝から晩までカラダを売り、巨額の借金を抱えて資格取得しても、とてもその労力と金額を取り返せるとは思えない。

コロナ以前、財務省は社会保障の削減に前向きだった。アフターコロナは現段階

ではどんな社会になるかわからないが、そのまま社会保障削減の方向が継続されれば、労働者にまともな賃金は支払われない可能性が高い。ちなみに介護福祉分野の賃金は64業種中64位で、日本でもっとも賃金の安い産業となっている。

「大学と風俗、本当に大変だけど、自分では大変とは思わないようにしています。自己暗示は大事ですね。ほかにも頑張ってる子はいるって思いながら待機所にいるし、知らないおじさんの前で裸になるし、性的なこともする。大変だと思ったら、とてもできません。看護学科に風俗やっている女の子は何人もいるし、現実として同じ境遇の人がいるので、それは励みになります」

喫茶店を出ると、仁藤さんは池袋駅北口に早足で向かっていった。

清楚系美少女は中年男性に人気がある。これから別の街のデリヘルに出勤し、中年男性から「どうしてこんな仕事しているの?」「ブランド物が欲しいの?」みたいな質問をされる。その質問を適当にかわしながら、ときに本番強要されて、疲れ切って朝を迎える。日本学生支援機構から毎月お金が振り込まれる。1年後、864万円というとんでもない借金を抱えて就職する。

介護福祉業界は〝団塊世代のために介護2025年問題を解決しよう〟などといっている。戦後に生まれた団塊世代の男性は、いま思えば徹底的に恵まれた環境で生きてきた。当時の国立大学の学費は年間1万2000円であり、彼女はその150倍以上を支払っている。

現在の大学生の親世代、そしてもっと上の団塊世代は孫世代に対して徹底的に理解がない。まだ日本は恵まれた先進国だと思っている。彼らは自己責任論で貧しい者たちの声を封印して、仁藤さんに本番強要や〝ブランド物が欲しいの？〟なんて質問しながら発射する。性的行為をしてくれれば、再分配してあげてもいいという社会ができあがってしまっている。

彼女が就職するであろう介護福祉業界は、著しい高齢者優遇、現役世代軽視がまかりとおっている。仁藤さんがカラダを売る生活は、おそらく大学卒業では終わらない。

第三章　コロナに殺される熟女たち

２０２０年4月、ステイホームが叫ばれ続けた。

大企業からリモートワークが始まり、満員電車はなくなった。オフィス街、繁華街にも人は本当にいなくなり、いつもはあふれるように人が集まる渋谷の街は前年度比85パーセントも人出が減った。新型インフルエンザ等対策特別措置法に基づく緊急事態宣言が発令され、東京都は「不要不急の外出」の自粛を都民に要請し、街の商店、デパート、映画館、パチンコ店、ファミリーレストラン、居酒屋、飲食店、あらゆる店舗が閉鎖された。

私的に取り締まりや攻撃を行う〝自粛警察〟も現れ、とくに営業を続けるパチンコ店は自治体やマスコミも加わって総攻撃を受けることになった。渋谷、新宿、池袋という副都心と呼ばれる巨大な繁華街に出ても、営業しているのは家電量販店、コンビニ、薬局くらいで、新型コロナの影響ははかり知れないことになった。

「もう死ぬかもしれません。私、どうすればいいでしょうか？」

4月12日、全国に非常事態宣言が拡大される直前に、福岡県博多区在住の風俗嬢・

中野涼美さん（仮名・35歳）から電話がきた。ベテラン風俗嬢だ。

涼美さんは岐阜・金津園《かなづえん》、福岡・中洲と働く場を転々としている。性風俗は未経験者や素人が持てはやされ、年齢と経験を重ねるごとに価値が下がっていく。他業種ではありえない残酷な〝逆年功序列制〟がある。

加齢でどんどんと収入が減り、ギリギリの生活を続けていたが、突然起こった新型コロナ騒動で収入がなくなってしまった。最低限の生活も送ることができなくなり、混乱していた。

「もう死ぬかもしれません。私、どうすればいいでしょうか？」

切羽詰まった声で言う。涼美さんは困窮どころか、〝最悪、餓死かも〟みたいな危機的な状況を自覚して焦っていた。お客は激減、出勤しても仕事はなく、知っている番号に電話をかけて「どうすればいいか？」と相談しているようだった。

本書のタイトルとなっている〝新型コロナと貧困女子〟は、この熟女の章から深刻になっていく。

深刻な背景を簡潔に説明しておこう。女性の貧困には戦前から性風俗や売春がセーフティネット的な役割を果たしてきた。平成に起こった日本の経済的衰退で、まず女性から続々と経済的な苦境に陥って転落した。前章の女子大生たちが学業継続のためにカラダを売ることを余儀なくされ、女子大生が風俗に入ってくるたび、30歳を超える女性たちの価格が下がり、市場から追い出されていく。

新型コロナ以前の段階で中年女性たちは風俗や売春をしても、生活保護水準の生活も維持できなくなっていた。絶望的な状況のときに新型コロナ感染症が襲った。

有事のときに風俗嬢が深刻となる理由に、風俗が貧しい人々が従事するセーフティネットであることに加え、もうひとつ報酬の支払い制度が挙げられる。風俗嬢は店から業務委託を受ける独立事業者であり、収入はその日の労働対価をその日のうちに受け取る日当制である。

多くの一般国民は企業に所属し、労働基準法に守られながら月給制で働く。企業を通じて雇用されて社会保障などの再分配も受けている。新型コロナは猛威と呼べるレベルで経済を破壊しているので、当然、企業に守られている国民にもなにかしらネガティブなことが起こるだろう。日当の風俗嬢は猛威がきたその日から困り、月給制の一般国民は1カ月半後以降に直接影響が及ぶ。風俗嬢たちはこれから多くの人々に起こる絶望を1~2カ月前倒しで経験していることになる。涼美さんだけでなく、全国の風俗嬢は突然収入を断たれ、いまパニックとなっている。

彼女は自宅のある福岡県ではなく、沖縄県那覇市にいた。

餓死も想像するような状態

「1年前から沖縄に出稼ぎにきているんです。福岡ではお客が減って、本当に売れなくなって、6万7000円の家賃が払えなくなりました。1年前に、もうこのままじゃ生きていけないってなった。それで系列の沖縄の店に出稼ぎ志願しました。2月までは月25万円くらい、3月は18万円。それで今月は4月1日に1本ついて6000円だけ。あとはずっとゼロ。那覇の松山に店の寮があって、いまはそこに住んでいます。1日3000円かかる。毎日かかる寮費は払えないし、福岡の部屋もそのまま家賃を払い続けているし、コロナでお客さんどころか街に人もいないし、本当に厳しいです。もう終わりです」

沖縄の観光客は2019年上半期、534万8600人（沖縄県発表）で過去最高を更新した。那覇市は県内でももっとも活気のある地域だが、新型コロナの影響でまず中国からの観光客がいなくなり、4月にはインバウンドだけでなく、国内観光客もいなくなった。そして、4月16日に非常事態宣言が全国に発令された。

序章でも述べたが沖縄県は県民所得が全国最下位、もしくはブービーを行き来する最貧困県だ。経済をまわしているのは内地企業と観光客であり、県民は内地企業に安く使われている。県民は貧乏なので繁華街や風俗店は観光客がメインとなっている。価格が高めのデリヘルは観光客比率が高く、涼美さんはダイレクトに影響を受けている。

4月以降、男性客はぱったりと途絶え一日中待機ばかりとなった。4月7日までの売り上げが6000円だったことで破綻が決定的となった。悩んでいる間にも毎日3000円の寮費がかかる。完全にやっていけなくなり、このままの状態が続けば、餓死も想像するような状態だと自覚するようになった。

「4月の収入は本当に6000円だけ。4月1日以降、本当にぱったり人が来なくなりました。12～24時で待機しても、1週間ずっとゼロ。それで店からも、福岡の本部みたいなところからも見放されました。まったくお金がなくなって、寮費も払えない。店からはお前はいらないから、もう帰れって。福岡の家賃も催促がどんどんきて、10万円を弟から借りました。それで生き延びている感じ、もうダメそうです」

風俗嬢は業務委託の出来高制なので、出勤してもお客がつかなかったら収入はゼロとなる。お金にならない女性には店側も冷たい。さらに内地からの出稼ぎなので涼美さんはよそ者である。店への借金が日々膨らんでいく。不安を抱えながら焦り、いくら待機しても、そもそも客層のメインである観光客が激減しているので誰も来ない。

突然の収入減、収入ストップは働いている男性スタッフも同じだ。みんな苛立《いらだ》ち、店内の雰囲気は悪い。4月に入って食べ物を買うこともできなくなった。とにかくお金がない。電話して弟から送ってもらった春雨とおかゆのレトルトが、あと10日分くらい。現金は1万円を切り、財布には数千円だけ。沖縄には誰一人、友達も知り合いもいない。どうしていいかわからなくなっているのが現状だ。

「コロナにかかったら、たぶん死にます」

沖縄県知事は非常事態宣言を受けて、ゴールデンウィークに訪問予定の観光客にキャンセルを呼びかけた。そして、沖縄県最大の繁華街・那覇市松山にも、まったく人通りはなくなった。キャバクラや風俗の売り上げは3月で半減、4月以降は9割減まで落ち込んでいる。緊急事態宣言発令後、観光客頼りの店はわずかな売り上げもなくなった。

窮地を訴える涼美さんに、風俗嬢になった理由を聞いた。

「風俗に入ったきっかけは、19歳のときにインフルエンザ脳症という病気にかかったことです。医者の処方箋でロキソニンを飲んでしまって。悪化して一生治らないって。簡単にいえば、脳に菌が入ってしまって元に戻らない。だからコロナにかかったら、重篤化して死ぬと言われています。悪化するとカラダが痙攣《けいれん》して、幻聴とか幻視が出てきてパニックになる。狂っちゃうわけです」

専門学生時代、インフルエンザにかかった。寒気や発熱にうなされたが、それでは治まらなかった。悪寒を超えて痙攣が止まらなくなり、暴れて意識不明になった。救急搬送された。菌が脳に到達するインフルエンザ脳症と診断された。処方された薬の副作用で病状は悪化し、このとき医者に「一生治らない」と言われている。いま通院する主治医には「コロナにかかったら、重篤化してたぶん死にます。気をつけるように」と、釘を刺されている。

「元に戻らないって言われて、学校とか将来とかどうでもよくなりました。人生がいつ終わるかわからないので、欲しい物とか買える生活が送りたいって思った。それで風俗嬢になったんです。実家からいちばん近い風俗街は、岐阜の金津園。ソープ嬢になりました。最初は若いから簡単に稼げた。お金がどんどん入ってくるから面白くて、気づいたら前向きに働くようになって、当時の風俗雑誌とか風俗サイトにもどんどん出ました。平均して月120万円くらい。あの頃は、それなりに充実していました」

自暴自棄で風俗嬢になり、簡単に稼げる仕事という意識しかなかった。金津園時代に「会長」と呼ばれるソープ店オーナーに、いろいろ教えを受けたことでそれが変わった。

「金津園はいろいろ厳しかったかな。料理の勉強とかさせられた。あと店の掃除とか、言葉使いとか。どうしてこんな厳しいのか聞いたけど、会長は『こんな仕事はいつまでも続けるものじゃない。いずれ社会に戻る。家事手伝いをしていたってことにして、家事ができないと結婚もできないだろう。やれ』と言われた。それは、そうだと頷いた。いろいろ心配してもらって、教えてもらって、風俗は悪いところじゃないと思った」

涼美さんは治らない病気を抱えながら、ずっと不特定多数の男性相手に性的サービスをしてきた。恋愛も結婚も興味を持てなかった。病気があって、不特定多数に性的サービスをする風俗嬢で、どうしても誰かを巻き込んだ未来を想像できなかった。

淡々と目の前にあるソープランドの仕事をして、稼いで適当に消費し、なにも考えないで生きてきた。淡々と日々が過ぎ、30歳を超えても風俗嬢のままだった。

「30歳を超えて売れなくなりました。稼げなくなった。だからといってほかの仕事もできないし、パートナーみたいな助けてくれる人もいません。孤独。本当に孤独です。32歳のときに福岡の博多に引っ越して、九州で人生をやり直そうって思った。でも結局、昼職に挑戦できなくてデリヘル嬢です。専業でやっても、稼げるのは金津園のときの半分以下、せいぜい月40万円くらい。普通に一人暮らしで生活したら、きれいになくなっちゃう金額ですね。で、35歳すぎたらデリヘルでも売れなくなって、家賃を滞納するようになってみたいな……」

博多で借りている部屋は、風俗嬢、ホストを専門にしたワンルームマンションだ。入居条件が緩い代わりに、退去に対しては厳しい。契約途中で退去するとき、大家からなにかしら理由をつけて多額のお金を請求される。以前、同じマンションに住んでいたデリヘルの同僚は50万円以上を請求されて、困り果てた挙げ句、消費者金融から借りて払っていた。

「いまの生活のお金だけじゃなくて、部屋の契約解除のこともあって、もうどうにもならないんです。いまの私に50万円なんて、死んでも払えないです」

売れないベテラン風俗嬢に店は冷たい

新型コロナウイルスの影響が深刻化した4月以降、客が来ない那覇のデリヘル待機室で、誰とも話さないままお金の不安を抱えて時間ばかりが過ぎた。いままでの人生がすべて否定されたような時間だった。２時間くらい経《た》ったかなと時計を眺めても、30分しか経っていない。誰にも必要とされないし、誰も助けてくれないし、誰も自分に興味がない。時間が過ぎても心には不安しか残らない。

売れないベテラン風俗嬢に店は冷たい。「お前、邪魔だから早く家に帰れ」など、冷たい言葉を数日おきに投げられている。

店から支給された那覇空港から福岡までの片道航空券だけはある。しかし、緊急事態宣言で閑散状態の博多に帰っても、生活ができるとは思えない。とにかく、４月20日までに払わなければならない６万７０００円の家賃は、もう絶対に払えない。

新型コロナで全国の繁華街が壊滅状態になってしまった現在、数千円しか持っていない涼美さんが自力で困窮状態から脱出するのは不可能だ。福祉に頼る段階である。まず、社会福祉協議会の困窮者向け「緊急小口資金融資」を借り、そのお金を持って福岡に帰り、早急にこれから生きるための整理をするしかない。電話口で休業補償や生活保護の申請など、あらゆる制度を検討することを勧めたが、所属する風俗店は収入明細の発行は「できない」の一点張りだという。

「福祉に頼れっていわれても、多くの風俗嬢は源泉徴収も引かれません。私も申告なんてしないし、休業補償で収入を証明する書類を求められても、そんなもの提出できません」

風俗嬢には収入を申告する、税金を払うという文化がない。社会から除外されても、性を売れば自立できて稼げる時代が続いた。国も必要悪として、納税の義務についてもうるさくいわなかった。

厚生労働省は一斉休校に伴う休業補償の対象から真っ先に暴力団員と風俗関係者を除外していた。風俗嬢への職業差別、偏見、社会的排除はいまに始まったことではないが、いままでは彼女たちが稼げるから大きな問題にはならなかった。しかし、日本に貧困が蔓延した現在、風俗嬢が貧困、困窮、社会的弱者となっている。そして、綱渡りのように最低限度の生活をしてきた彼女たちは、新型コロナウイルスの感染拡大によって、一線を超えて最低限の生活すら維持できなくなった。

「実家に帰るしかないです。幸い親とは仲は悪くないので、いつでも戻ってきていいって。なんとかマンションの契約を解除して、実家に帰るまで踏ん張るしかないかな。実家に戻れたらスーパーのレジとか、介護職とか、そういう仕事をなにかして細々と暮らします。近所で働きます。風俗やって後悔はないけど、こんな末路になるとは思わなかった。本当に情けないし、終わっています」

緊急小口資金融資を借りることができなければ、ホームレスになる状態だ。自力解決は不可能であり、福祉による支援が必要である。おそらく大丈夫だと思うが、社会福祉協議会から門前払いなどされないことを祈るばかりだ。筆者の自宅近くの社会福祉協議会は、困窮者が長蛇の列をつくっていた。涼美さんがいま持っている現金数千円で暮らせるのは、せいぜい明後日まで。

いま30歳を超えた風俗嬢の多くは、生きるか死ぬかの状態となっている。その絶望がもうすぐ一般国民にも襲ってくる。本当にヒドイことになってきた。

需要をはるかに上回る女性の性の供給

4月24日、東京・北千住。緊急事態宣言下で、外出自粛要請が出されている東京の繁華街は静かだった。人出8割減を達成する渋谷や新宿と同じく、下町の繁華街・北千住も丸井駅ビルが閉鎖され、見たことのない淋しい風景があった。

説明したとおり、30歳を超えた専業風俗嬢は、新型コロナ騒動以前から経済的に非常に厳しい状況に陥っている。平成時代、新自由主義を徹底した日本は女性を追い詰めすぎた。東京の繁華街のガールズバーや価格が高めのデリヘルに行けば、働いているのは現役女子大生だらけだ。彼女たちが所属する大学は、難関一流大学がズラリである。

本来ならば風俗産業を担うべきベテランや熟女風俗嬢は、若さと旬な肉体を持つ現役女子大生たちに押し出され、どんどんと価格の安い店に移動を余儀なくされた。

風俗の世界は新自由主義的な市場競争が激しく、すでにコロナ以前の段階で男性の相手をして手取り3000円、4000円という報酬はザラであり、そのような金額で見知らぬ男の精液を浴びている。待機時間を含めるとその金額は最低賃金や最低生活費の基準を軽く割ってくる。

繰り返すが、現在、女性の性の供給は男性の需要をはるかに上回り、限度を超えたデフレとなっている。価格下落は一人あたり単価で半減、月収ベースで6割、7割減とすさまじい。彼女たちは最終手段であるカラダを売っても、自分一人の生活さえ支えることができない。最終手段を使っても、苦しい生活から逃れられない深刻な状態なのだ。

緊急小口資金の貸し付けを断られた

北千住駅前で待ち合わせた吉原のソープ嬢・後藤麻那さん（仮名・31歳）は、店の休業が決まった翌日の4月8日、わらにもすがる思いで緊急小口資金貸付の申請に行ったという。

本番を提供するソープランドは風営法では認められるが、売春防止法には違反するグレーな業態だ。ソープランド事業者が加盟する組合は、警察や行政と密に連絡をとっている。警察や行政の言うことは聞くので、摘発はやめてほしいという構図だ。組合の力が強いので都から自粛要請が出されれば、経営者やソープ嬢の生活が犠牲になることがわかっていても、二つ返事で聞かざるをえない。

突然休業となって収入源を失った麻耶さんは、社会福祉協議会に行った。社会福祉協議会の生活福祉資金は、困窮者に向けたセーフティネットであり、緊急事態宣言下で緊急小口資金の貸付金枠は10万円から20万円に拡大していた。しかし、麻耶さんは窓口で貸し付けを断られた。

「緊急小口資金でしたっけ？　4月7日に緊急事態宣言が出て、突然お店が閉まったんですよ。で、明日も、明後日も働けるって普通に思っていたんでヤバいじゃんってなった。そのときに3万円くらいしか持ってなくて、家賃も携帯代も払えないし、ガスも電気も止まると思った。緊急小口ってお金を貸してくれる制度があるって、風俗嬢の間で駆けめぐっていたのですぐに区役所に行きました。とりあえず、行けば大丈夫だよって話だったので」

麻耶さんはまず、区役所に行った。役所の福祉部門の窓口に相談したら、住所を聞かれた。そして、地域の社会福祉協議会に行くように言われた。

「社会福祉協議会で普通に申請すれば、20万円をすぐに貸してくれると思っていました。社会福祉協議会では、事前に予約って言われたので、その場でずっと待ってやっとと思ったら『書類持ってきてますか？』って。書類？　なにか必要なんですか？　って聞いたら、今までの収入を証明できるものとか、その明細とか。いや、なにも持ってないですって言ったら、それでは申請できませんし、用意してもらったとしても順番待ちになりますし、予約にも時間がかかりますって。本当に困るって言ったら、また別の窓口に回されました」

区役所→社会福祉協議会と相談して、次は別の地域にある生活支援窓口を指定された。事務的で乱暴な印象だった、という。しかし、実は区役所のその相談窓口で応対する女性たちも、多くが貧困に近い生活を強いられて苦しんでいる。

平成に日本が貧困化したのは、雇用という国民のセーフティネットを壊したからである。非正規雇用を激増させた労働者派遣法の改正だ。

雇用を壊して労働の価値を下げたことによって、主に女性が貧しさにあえぐことになった。そしてその悪しき法改正を、最も前のめりで利用したのは地方自治体だった。現在の地方自治体が運営する公的機関は、非正規雇用だらけの貧困の巣窟である。非正規公務員の多くは最低賃金、最低生活費に近い賃金で働かされている。麻耶さんのケースだと、生活困窮者が生活困窮者に相談していることになる。

「生活支援なんとかってところは、いちおう話は聞いてくれたかな。風俗業でコロナで店が閉まったことを伝えて、『いま仕事はないってことですよね？　いまお金はいくらありますか？』って。3万円しかないって答えました。収入が証明できないと緊急小口の貸付はできないし、厚生年金を払ってるとか、派遣やフルタイムで収入が安定してる人にしか、住宅系の貸付もできないって。結局、生活保護しかないかもって言われたけど、生活保護は最終的になにもない人が最後の砦《とりで》として使うものだから、いまの段階ではなんとか収入証明をして貸付を受けましょうみたいな感じになった」

結局、緊急小口資金貸付も、生活困窮者住居確保給付金も受けることができなかった。ソープ嬢は収入の証明ができない。本当は自分で書いた収入を記したメモでもいいのだが、麻那さんにはそのような知恵も情報もなかった。生活支援窓口に行った帰り、所属する店に「収入証明が欲しい」と頼んでいる。店長は彼女の要望を適当にあしらった。

ソープ嬢は雇用や所得を証明することができない

どうしてソープ嬢の収入証明を店が出せないのかを説明しよう。

売春防止法があるなかで、性風俗はグレー産業となる。最も黒に近いのが本番提供することが周知の事実となっているソープランドだ。売春防止法は金品収受を目的とした女性器への男性器の挿入行為を禁止している。

売春防止法の制定以降、ソープランドは〝個室公衆浴場の個室にたまたま女性がいて、客と女性が自由恋愛によって本番をし、店はいっさい関知していない〟という建前で営業している。警察も必要悪としてそれを認めている。〝女性と客の関係に店は関係ないので収入証明は出すことができない〟というのは店側の一般的な考え方となる。

ソープ嬢は店からの業務委託であることも微妙であり、働いている当事者もその法的な立場を理解していなかったりする。やはり、麻那さんはソープランドが法律的にグレーということは知らなかった。

「すぐにお店にも連絡したんですよ。今までの収入が証明できて、それと収入が下がってるっていう証明書を出してもらえるんですか？　って聞いたら、店長は『確認してみます』って言ったっきり連絡がまったくなくなった。最初は吉原に直接もらいに行って、すぐ手続きすればいいかなって感じだったけど、完全に無視されちゃいました。社会福祉協議会で1時間くらい店長から連絡が来るのを待ってたけど、閉館時間になってしまって、また出直しますって帰ってきました」

結局、国の制度はなにも利用することができなかった。理由は雇用や所得を証明することができなかったからだ。

「ほかの女の子も、役所に行ってきたけどダメだったって。結局、緊急なんとかは証明書が必要で、確定申告で税金を納めてるコじゃないとダメって。私もまわりの女の子も誰も年金払ってないし、国保は滞納だし、住民税とかもなにも払ってない。だからダメだったんですね」

風俗嬢の賃金は、基本的に源泉徴収も引かれない。意識の高い一部の女性たちは確定申告するが、ほとんどの女性は賃金をもらいっぱなしで税金は払っていない。脱税しているというより、誰も税金を払っていないし、催促もないし、納税の仕方もわからないという現実がある。

稼げる手段はなにもないことを悟った

北千住駅前のファミレスは、夕方前なのに満席だった。

緊急小口資金貸付を断られ、4月10日に麻那さんは慌てて、家賃、光熱費、携帯代など、支払いをすべて猶予してもらった。自粛要請の期限となっている5月6日まで、お金を使わないようなにもしないで家で寝ることにしたという。食事も一日1食に減らしている。お腹が空くと困るので歩くのもなるべく控えている。本当に部屋に引きこもっていたので、人と会話するのは久しぶりだという。口調は流暢だった。

「吉原はすでに1月下旬からお客さんがすごく少なかった。2月になると春節で中国人がけっこう来る。それが全然来なくて、なにかおかしい……っていうのをみんなで話してた。そしたらコロナっていうのが出てきた。だいたい2月に入ると中国人が春節で日本に来る。一日に1人は中国人につくので、これはおかしいって。最近、中国人が全然来なくない？　みたいな」

2月は武漢の新型コロナが日々報道されていた時期だ。中国で日本の女性は人気があり、吉原もインバウンド需要が大きなウエイトを占めている。

「お客さんのキャンセルがちょこちょこ続いて、なんでこんなに大袈裟《おおげさ》なんだろ？みたいな。最初はインフルエンザとかそんな感じだと思っていたけど、お客さんが全然来ないし、すごくまずいってなった。ランカー（売り上げ上位）の女の子たちも全然稼げてなくて。もしコロナにかかったときに感染経路を話さなきゃいけないことが原因かなって。感染経路を調べるってニュースに出てから、本格的にお客さんが来なくなっちゃったんですよね」

麻耶さんが勤めるソープは60分1万9000円の大衆店だ。収入は一人につき1万1000円で、2月からの客付きは多くて一日2人と激減し、0人の日が続くこともあった。月収は前年度比で半減以下となった。

「朝9時から16時で帰ってきちゃう早番で、専業なので週5日は出勤しています。それまで一日だいたい3人くらい。月収だと50万円とか。それが2月からお茶引きが増えて、25万円くらいに半減して、3月は悲惨で15万円とか。家賃5万5000円なので生活費を切りつめたら、なんとかなるかな。だから貧乏です。

まず、食費を節約。まずコンビニでの買い物をやめてスーパーに行くようにして、必ず割引されているものを買うとか。あと一日1食にしたり、お店にあるお菓子を食べるとか。スタッフがお弁当を頼むとき、ちょろっと買ってもらって食費を下げました。携帯代が1万円だったけど、いちばん安いのにしていまは2700円。3月は本当にお金なくて、電気止まってガスも止まった。水道は支払いが2カ月ごとじゃないですか。水道まで止まったら死んじゃうので、店に立て替えてもらいました。人生でいまがいちばんお金がないです。マジでお財布の中に3000円しかなくてヤバいです。早く定額給付金10万円が来てほしい」

麻耶さんは童顔でなかなかかわいい。話しやすく、性格もいい。そんな女性が吉原のソープ嬢をして、そこでフル出勤しても、電気とガスが止まる貧困となっている。コロナ以降、食事は一日1食でコンビニ弁当も食べることができない。

5月6日まで店舗が休業で、緊急小口資金貸付も断られた。手元に現金はない、貯金もない。本当に生きていけない。高収入サイトで探してデリヘルの面接に行ったが、あらゆる風俗嬢が殺到して全然稼げそうになかった。スカウトマンからは出稼ぎの保証は出ない、交通費も出せないと言われている。

「出稼ぎは沖縄か仙台って言われたけど、仙台は話を聞いている最中に感染者が出て流れちゃった。沖縄は交通費も出ないし、人がいないから全然稼げないかもって。最後に地雷系のお店にも面接に行ったけど、女の子がいすぎて待機室に入れないって。もう絶対に働けない感じ。だから、諦めてなるべく食べないで家でずっと寝ているんです」

もう稼げる手段はなにもないことを悟った。

昼頃に起きて任天堂swichを夕方までプレイする。それからテレビを観て、食べる日は19時以降に近所のスーパーに行く。半額の総菜を買い、20時頃に一日1食の夕飯を食べる。そして、深夜2時くらいまでゲームをして適当に眠る。この3週間、そんな生活をしている。

“○○の女の子が自殺しちゃったみたい”

この北千住駅前のファミレスは19時までの営業のようだ。店員が閉店時間を伝えにきた。時間がない。どうして風俗嬢になったのかを聞いた。

「24歳のとき、宗教みたいなのにだまされて借金抱えちゃったんです。コンビニでバイトしていたときの先輩かな。先輩の女の子に宗教に勧誘されて、最初はご飯を食べにいこうって誘いだったけど、友達呼ぶって知らない3人が来た。私に一点集中で質問される。『夢はある？』とか『将来のビジョンは？』とか。『お金は欲しい？』って聞かれて、お金はあったほうが将来的にいいと思いますって答えたんです。一口いくらでお金を出し合って、みんなで会社を立ち上げて夢を追っていろいろやっているって。みんな幸せだとか、仲間と起業できていまの自分は輝いているとか、そんなことをずっと言っていて、私自身はなにもなかったらから、いいかもって入っちゃったんですよ」

宗教というかネットワークビジネスのようだった。彼女は北関東出身で短大を卒業して派遣社員になった。就職氷河期、無名短大、就活をさぼったなど、いくつか理由が重なって就職はできなかった。単調な派遣仕事が嫌になって、コンビニでアルバイトをしているとき、ネットワークビジネスに引っかかった。

出身高校も短大も低偏差値だった。短大卒業後、中学時代から付き合っていた彼氏と結婚して専業主婦をする予定だった。しかし、成人式の日に結婚するつもりだった彼氏にフラれた。ほかに好きな人ができた、と言われた。お先真っ暗となった。

就職活動の機会は失っていたので派遣社員となって、派遣の仕事も続かないでフリーターになり、詐欺紛《まが》いのビジネスに引っかかった。中学時代からやりたいことはなんにもなかった。キラキラしているネットワークビジネスの人たちが幸せそうに見えてしまった。低偏差値系の若者たちの間に、昔からよくある話である。

「そこの事務所にも行ったんですよ。そしたらいろんな人がいて、ちゃんと机とかもあったし、電話もあって普通の会社みたいな。会社の利益が上がったらそれを何パーセントあげるって言われて、コンビニのバイトも面白くなかったので、それだったらいいかもって。入社のときに協力金みたいなのが必要で40万円がかかるって。そんなお金はないから消費者金融で借りました。アコムとか、アイフルとか。お金を払ったら、全然連絡来なくなって、その人たちはいなくなっちゃいました」

アコムに30万円、アイフルに20万円の借金ができた。とても返せない。コンビニのアルバイトを辞めて、千葉栄町のソープ嬢になった。

「夜の仕事はそれまでやったことないです。短大は同級生にキャバ嬢が多かったけど、どうしてそんな仕事するの？　みたいな感覚。偏見じゃないけど、やっちゃいけないことみたいな。風俗なんて自分とは別世界と思っていたけど、アコムとアイフルに早く返さないとヤバいと思ったのがきっかけです。それまでの経験人数は2人だけ。フラれた彼氏と、もう1人しかしたことなかった」

最初、見知らぬ男性とすぐにセックスすることに罪悪感があった。彼氏や好きな人がいなかったことが救いだった。初日は泣いた。10日くらい経ったころ、中学時代の数学の先生が客としてやってきた。

「先生がお客さんとして来た。向こうがわかっていたのか、わかっていなかったのか微妙。ヤリました。私はわかっていたけど、向こうはたぶんわからないふりかな。〇〇先生ですよね？　って言おうと思ったけど、お客さんだからってやめました。先生は完全に受け身で、すごく気持ち悪かった。その経験で、もうどうでもよくなった。千葉だと知り合いに会うことがあるかも、って東京に出てきたんですよ」

最初は家賃の安いシェアハウスに住んで、渋谷の店舗型ファッションヘルス（箱ヘル）で働いた。

「箱ヘルはメチャクチャ稼げました。朝から夜10時くらいまで働いて月収100万円は超えた。消費者金融の借金を返して、それで次は奨学金を返して。親は1円も出してくれなかったから短大の学費は全部奨学金で、300万円以上あった。あと友達にお金を貸して返ってこないとか。親がお金を貸してくれとか、仕送りしろとか。なんだかんだでお金は全然貯まらなくて、まったくお金がないまま、いまに至っています」

新型コロナ騒動以降、麻耶さんはずっと寝ているだけの生活だ。吉原のソープ嬢友達とのＬＩＮＥは毎日交換していて、〝5月7日に営業再開しないかも〟とか〝○○の女の子が自殺しちゃったみたい〟とか連絡がくるという。

このままお金を使わずに5月7日に出勤して、そこで稼いで生活を立て直す予定だ。自粛期間が延びたら、どうするのだろうか。一応、聞いてみたが、その想定はしていないようで首を傾げていた。

ギリギリのセーフティネットを破壊した新型コロナ

平成は暗黒の時代だった。日本は底なしに衰退して、一般女性たちが続々とカラダを売る仕事に流れた。売春しても普通の生活すらできない、悲惨な現象は、労働者派遣法改正で雇用という国民のセーフティネットを奪ったことから始まったことは説明した。

雇用というセーフティネットを奪われた女性たちが大勢転落し、女性の価値は低下した。デフレが進んだ現在のデリヘルは過半数以上が60分1万円以下という価格帯で性的サービスを提供している。

60分1万円以下という価格帯が安すぎることを説明しよう。

格安風俗店を支えるのは、若さでは勝負できない30歳以上の熟女たちとなる。都市部デリヘルの値下げ競争の象徴とされる某チェーンは30分3900円、45分5900円という価格帯でサービスを提供。そのうち女性の取り分はそれぞれ2400円、3500円と異常な低価格となっている。単価が安すぎるこの店には、各種性風俗を断られた女性が集まり、カラダを売っても生活保護水準程度しか稼げていない。

この10年間、デリヘルは女性の供給が増えるばかりで、男性客の需要は減っている。デフレスパイラルである。少子高齢化や性欲の強い団塊世代の引退など、さまざまな理由がある。低価格の格安店でも女性一人あたりの客数は一日平均2人程度、人気のある上位女性でも多くて5人程度しかない。

格安店で働く中年女性たちは、いったいいくら稼げているのか。簡単に見積もってみよう。3500円（一人あたりの単価）×2人となると日給7000円。週4日勤務でも、月11万2000円しか稼げない。東京都の最低賃金は時給1030円なので、待機時間を含めると、最低賃金のアルバイト以下。業務委託であり交通費も食費も、自分で賄うべき経費となる。こんな金額でカラダを売り、精液を浴びている。もう稼ぐスキルのない中年女性が自立して生きるのは無理なのだ。

筆者は風俗が稼げないことを機会があれば伝えているが、性別格差、世代格差、貧富の差に拍車をかけた新自由主義的な政策によって、現在進行形で生活のために風俗を志願する一般女性はあとを絶たない。単価は下落の一途となり、さらに新型コロナによって、そのギリギリのセーフティネットも破壊されたのが令和の現在だ。

下層風俗嬢の多くは未婚、バツイチ、シングルマザーなどの単身中年女性であり、自分の稼ぎで生活を支えなければならない。前出の30歳そこそこでかわいい外見を持つ麻耶さんでさえ、ライフラインが止まって食べ物にも困る生活を送っている。

すでに新型コロナ以前の段階で、下層風俗嬢たちの収入は生活保護水準を下回って「食べるのもやっと」といった危険な状態だった。

底辺女性に向けられる〝自己責任論〟と〝誹謗中傷〟

平成時代に起こった貧困や転落は〝自己責任〟とされた。学歴が低いのは自分が悪い、非正規雇用を選んだ自分が悪い、暴力振るう配偶者を選んだ自分が悪い、稼げないのに子どもを産んだ自分が悪いと、社会と制度に優遇された男性は苦しむ女性たちにそう叩きつけた。女性の苦境がインターネットで記事になれば、男性たちが書き込む自己責任論、誹謗中傷《ひぼうちゅうしょう》で埋まる。

女性が生きていけず、生きるために続々と風俗や売春に走る異常事態となったが、政府も自己責任論を支持してその貧困を放置した。自己責任なのでセーフティネットはない。社会保障費をもっと削減するために、国民の互助や自助を煽《あお》った。社会保障費を食いつぶす医療福祉関係者は、地域包括ケアシステムや共生社会構築を促進するよう尻を叩かれている。

地域包括ケアシステムとは主に高齢者を対象にした社会保障用語で、「地域に住む高齢者がその地域で自分らしい生活を最期まで持続していくため、予防や介護や医療、さらに住まいや生活支援の提供」という内容だ。要するに国のお金に頼ることなく、近隣同士で助け合いなさいということだ。

平成に起こった国民の貧困化は、単身中年女性と若者が真っ先にターゲットにされた。現役女子大生は風俗で働くことを半ば強制され、単身中年女性はカラダを売っても生活できないところまで追い込まれ、国の制度から漏れてそのまま放置されている。国の制度内にある高齢者や障がい者に対しても、互助や自助でなんとか乗り切れという社会をつくりたがっていた。

ちなみに社会保障縮小の切り札である地域包括ケアシステムの担当者は麻生太郎財務大臣である。

優遇された男性たちの精液を浴びる中年女性や、女子大生たちの阿鼻叫喚《あびきょうかん》が聞こえるなか、貧困で苦しむ中年女性を支援する〝裏・地域包括ケアシステム〟とも呼べる自発的な動きが池袋で起こっている。

キーマンは池袋在住のある人物。筆者の知るかぎり、その人物は10年ほど前から日々生活苦に陥ってどうにもならなくなった中年女性たちの相談に乗っていた。最初は周囲にいる社会福祉士やケアマネジャー、看護士などから情報を得ながら、住居確保の手伝いや生活保護などの社会資源につなげるなど、正統な相談援助をしていた。

その人物はある時期から国や福祉に頼るフォーマルサービスだけでは、苦境に陥る中年女性たちを救えないと悟った。そして、自分が所有するマンションの一室を使用して〝乱交パーティー〟を主催する。地元や周辺地域から異常性欲の男性を集め、困窮する女性たちを異常性欲者の集いに投入し、金銭的な価値を生みだすというインフォーマルサービスをするようになった。

公然わいせつ、売春防止法違反に該当する完全に違法な〝福祉〟だ。

「コロナで今月の収入は3万円とか2万円台とか」

4月26日。外出自粛要請中の池袋で、数年前からこの〝乱交パーティー〟常連参加者の山崎清美さん（仮名・52歳）と会うことになった。保育園の非正規雇用で働きながら、乱交パーティーに参加し、なんとか最低限の生活を維持していた。

「平日は保育園に行って、何時間か働いています。お給料はすごく安くて月5～6

万円くらい。家賃は支払ってくれる人がいるのでなんとかなっているかな。月5～6万円だけじゃ生きていけないのでパーティーに参加しているんですよ。でも、コロナでパーティーがなくなっちゃった。大変。どうやって生活するか、いま悩んでいる最中です」

清美さんの見た目は年齢どおりの中年女性だ。妻子のある男性と付き合っている。割り切った関係で、月3万円台の木造アパートの家賃は支払ってもらっている。

「近所の保育園が短時間パートを募集していて、5年前から働いています。最低賃金で一日4時間とか時間が短いので、とても生活できるだけのお金は稼げません。保育園はコロナで出勤制限。休業補償が出ても、今月の収入は3万円とか2万円台とかかも。コロナでパーティーもなくなって、ずっとなにもすることがなくて、家に閉じこもっている生活です。暇なのでずっとパズルゲームしています」

パズルゲームは携帯アプリではなく、懸賞雑誌だった。保育園の年収は70万円程度、家賃は男性払い。完全な貧困状態であり、生業だけではとても生活できない。月数万円を稼ぐために池袋で頻繁に開催される乱交パーティーに参加し、10年以上、なんとか乗り切っているようだ。頻繁に出てくる〝パーティー〟の実態はどのようなものか。具体的な話を聞いていく。

「池袋の場合だと、普通の2LDKのマンションでやっている。駅からちょっと遠いです。リビングにテーブルがあって、そこに簡単な食べ物があって、それぞれの部屋に避妊具があるみたいな。行くと男性が数人いるので、近くにいる人と1時間くらい普通にお話しして、それで男性に誘われたら部屋に行くみたいな感じ」

筆者は一度だけ、パーティー会場のマンションに行ったことがある。池袋の閑静な住宅街にあり、家族やディンクスが暮らす一般的な分譲マンションの中だ。乱交パーティーだけで使用しているため、余計なものはなにもない。客である変態男性や生活費を稼ぐ場となっている女性たちが、自主管理して掃除は行き届いていた。リビングにはテーブルとソファーがあり、各部屋にベッドがある。枕元のカゴに未使用のコンドームが山積みされている。

「乱交パーティー」が貧困女性のセーフティネットに

――パーティーは何歳くらいの人が何人来て、女性は何人くらいなの？

「男性と女性の比率がいつも合わなくて、女性は3、4人とかで、男性のほうがガバっといる。おじさんばかり、おじいさんもいる。うん、そんな感じ。常連だけなので、みんなまあまあ、知ってる顔。たまにそこそこ若い人もいるかな」

――主催者が集めているのは、性欲が異常な人たちだよね。

「変態です。なにをするっていうか、とりあえずペアを組んでベッドに行くみたいな。いつも女性が少ないので、私はだいたい頑張って順番に5人とか相手をしたり。いつもスタートは19時で、23時くらいまで。19時からっていっても1時間、1時間半とかスタートが遅れるので」

――変態の人ってなにするの？

「エッチですけど……」

――おじさんはどういうことをするの？

「足の先から全部舐《な》められるとか。自分の機能がダメになった人が、たくさんオモチャを持ってくるとか。そんな感じ。はっきり言って生理的に『この人はちょっと無理』っていう人もいて、演技で誤魔化したり。感じている演技とか」

――変態おじさんばかりだと、ちょっと女性は厳しそうだよね。

「そうそう。その人に悪意はないけど、やっぱりどうしても嫌だなって。体臭キツいとか。ちょっと独特な臭いがする。近寄りたくないけど、こっちはお金をいただくっていうのもあるから我慢ですね。1分でも1秒でも早く終わらせようって。前に一度だけ、壮絶に臭い人がいて、お金はいらないからって帰ってもらってました」

おおよその状況は見えてくる。マンションの部屋に男性と女性が集まり、まずは軽食を食べながら談笑。通常は男性の比率が高い。30分から1時間程度、なにかしら会話をしてからどちらかがベッドルームに誘う。お互いが了承となれば部屋に行く。部屋には山積みのコンドームがある。その避妊具を使って性交となる。

――いつからパーティーに参加しているんですか？

「デビューは遅くて30半ばくらい。いまも彼氏には秘密にしながら行っています。雰囲気は普通のオフ会みたいな感じ。彼氏とは5年前にフェイスブックのオフ会で知り合って、それから。お金に困っていることを言ったら、家賃は払ってくれるって。年齢は1つ下で普通のサラリーマン。あ、でも、彼氏とは言わないかな。愛人とかセフレとか、そんな感じ」

乱交パーティーの報酬、その支払いは独特だ。当日の終了後か後日、女性は主催者にパーティーで肉体関係となった人数を報告する。その人数×4000円がその場で支払われる。男性も同じで肉体関係となった女性の人数を主催者に報告、参加費とその人数分の価格を現金で支払うようだ。

このパーティーは違法行為で、主催者も参加者もリスクが高い。しかし、主催者は貧困で苦しむ中年女性に価値を生み出すことを優先し、異常性欲の男性たちはパーティー開催を待っている。貧困女性は価値が認められる場所がそこしかない。現状、その主催者は女性からも男性からも慕われている。

——報酬制は独特だよね。全部、自己報告というのはあまり聞いたことがない。

「お金は男性1人につき4000円ですね。ほかの風俗で保証制でどれだけやってでも一日1万5000円とかあったんで、それとくらべたらいいかな。やればやっただけもらえるから。お仕事に行ってきますって感じで参加しているので、多いときは週3日とかやっているかも」

——保育士をしながら週3日も参加するんですか。

「生活のためだからしょうがないかな。ほかに熟女ヘルスとかで働けばいいけど、まったく稼げないっていうし、風俗店に所属するのはちょっと怖い。パーティーのほうが、まだいいのかなって。デリヘルだとラブホテルで男性と一対一じゃないですか。なにかあったときに怖い。密室だし。乱交だったら叫べば誰か近くにいるから」

農家の嫁から乱交パーティー常連へ

清美さんの印象は、どこにでもいる普通のおばさんだ。水商売っぽい派手な雰囲気だったり、夜っぽい雰囲気だったりは皆無だ。非正規で保育園に勤め、地味な日常を送りながら子どもたち相手に働いている姿が想像つく。もちろん、保育園の上司や同僚たちは清美さんがアフターファイブに乱交パーティーを副業にしていることは知らない。

埼玉県にある老朽アパートで一人暮らし。家賃は3万円台、埼玉県内でも最安値な地域の部屋で暮らしている。勤務が終わると保育園から駅に向かい東武東上線に乗り、池袋に来る。そして変態おじさんたちに輪姦《りんかん》され、深夜に老朽アパートに帰る。

清美さんは、これまでどのような履歴をたどってパーティーに参加することになったのか。

「いまの生活になる前は、普通に専業主婦。埼玉県の農家の嫁でした。つくっていたのはトマト、あとはお米。埼玉は野菜の栽培が盛んで、野菜はほとんど全般的にやっていました」
なんと、埼玉県の農家の嫁だった。埼玉県の農業産出額は全国20位で、意外にも農業が盛んな県である。とくに埼玉県産の野菜は有名で、都内でもあらゆる場所で埼玉県農家の野菜即売が行われている。

――農家に嫁いだんですか。バブル世代の女性はそういう選択する人は少なかったはず。

「結婚したのは21歳。私は農家も元夫も嫌いだった。嫌いだったけど、親同士で決められちゃったみたいな。父親はすごくスパルタで、父親に命令されて嫁いだ感じです。元夫は15歳年上で、ひと回り以上も年が離れているおじさん。どうにも好きにはなれなかったですね」

――農家の嫁ってなにをするの。

「朝から農作業。嫁いだ瞬間から、もういろいろやらされました。朝4時半起きで、トマトの収穫とか。午後からだとハウスの中が暖かくなりすぎて売り物にならないから、朝5時。それをコンテナに並べて磨いて、箱に入れる。けっこうウンザリ」

――農家だと嫁でもあり、労働者でもあるわけだ。

「働かせられる農家も嫌だったし、元夫のこともずっと好きになれなかった。農家ってこういうものって想像はしていたけど、元夫は朝8時くらいまで寝ているし、たいして働かない。私に対してありがたいっていう気持ちはないみたいで、とにかく嫌だったわ」

――男尊女卑的な昭和の農家のまんまみたいな?

「そう。農作業はほとんど私ひとりでやって、それでも姑《しゅうとめ》に文句を言われる。ばあさんも女手ひとつで子どもを育ててきたから、やっぱり強い。なにかあるたびに親族会議とか家族会議がある。誰々がどうしたこうしたって責任のなすりつけ合いがあって、自分では『ここんちもう絶対に嫌!』ってなって。ウンザリして子どもを置いて出てきた」

――子どもがいるんですか。

「男の子が3人。家を出たのは36歳のとき。子どもは置いていかざるをえない状況で、とにかく揉《も》めた。揉めたけど子どもにとってはこっちに来ても生活の保証はないし、農家にいれば、食べるものには困らない。家もあるし、学校の友達もいるし、私だけ逃げました。慰謝料はなしで、無一文で東京に来た。東上線があるので東京はすぐだけど、ホントは埼玉みたいな」

逃げるように農家から逃げた。逃げたので貯金は数万円しかなかった。消費者金融でお金を借り、家賃3万円台のボロボロの木造アパートで暮らすことになった。とにかく明日、明後日を生活するためのお金がない。求人広告にある仕事に就いても、お金を手にできるのは1カ月以上あとだ。その期間の生活費がなかった。

――農家から逃げて、すぐエロ系の仕事をしたの？

「SNSで知り合った人がいて、その人に『乱交パーティーがある』って連れていってもらったのがはじまりかな。『えっ、なに？』ってびっくりして『とりあえずその主催者と会おう』ってなった。どういうことをするのか、なにするのかわからないし、おそるおそる行った。話を聞いて意外とできるかもって思ったかな」

――そこから売春ばかりの毎日に？

「そうですね。子どもとはたまに会って、パーティーに行ってみたいな生活になりました。保育園の仕事を始めたのは数年前だから、それまではパーティー専業ですね」

清美さんは、埼玉県生まれ。中学高校時代、世間はバブルで沸いていた。しかし、父親は厳しく、暴力も頻繁でなにも楽しいことはなかった。成績はどちらかというと悪く、偏差値40前後の県立の女子高校に進学した。茶道部に入った。結局、勉強も部活も中途半端だった。担任の教師が薦めるまま、紡糸工場に就職することになる。

――高校は出た？

「高校は一応、卒業しました。工場に就職して寮生活ですね。中卒と高卒で寮に入って働いている子がいて女子ばかり。女工。仕事は全然面白くないかな。糸をやっているうちに眠くなる。交代制で早番と遅番があって、並んでずっと作業しているだけ。出会いはなにもないし、女子寮だし、低賃金だし、ただ働いて生きているだけみたいな感じ。なにもない」

――それで父親が農家に嫁がせることを決めてしまった。

「21歳で結婚することになって、工場を辞めました。農家の嫁を15年間やって逃げて、パーティーでお金をもらいながら生活して、いまですね。保育園以外の仕事は産廃とかホテルの掃除とか、そんな仕事を少しだけ経験があります」

――乱交パーティーも保育園もコロナの影響あるよね。

「パーティーは高齢の男性が多い。いまは開催が難しいみたい。みんな死にたくないって言っているみたい。保育園も出勤制限だし、本当になにもすることないです。保育園から仕事に来なくていいって連絡があったけど、休業補償が70パーセントか80パーセントは出るみたい。今月も3万円くらいはお給料もらえると思う」

――月収3万円。いまは彼氏が家賃を払ってくれるからいいけど、その男がいなくなったらどうするの。

「いなくなったら厳しい。将来的にいなくなって、自分で家賃払えってなったら生活保護しかないかな。先のことはなにも考えてないけど、収入がなくなったら生活保護ですね。福祉ジムショってところに行けばもらえるんですよね」

新型コロナ自粛の現在、清美さんはすることがない。4月中旬から保育園は休園、出勤制限がかかった。出勤は週1日程度に減って、彼氏もコロナを理由に会いたがらず、家で懸賞雑誌を眺めているだけの生活だ。

清美さんは今日、久々に東上線に乗って池袋に来ている。この取材が終わったら、主催者のところに寄り、次のパーティー開催の日程を聞くという。

乱交パーティーで生活を立て直す

4月27日。再び池袋にいる。街から観光客や買い物客はほとんどいなくなり、店も一部の飲食店しか開いていない。そもそも通行人があまりに少ないので営業する飲食店もガラガラだ。世界的に経済がストップし、アメリカを筆頭に各国は国民に相当額の給付金を配っている。そんなとき、安倍首相は世帯にマスク2枚の配布を決定した。

三浦真美さん（仮名・48歳）は老人保健施設に勤める介護職だ。いまさっき「パーティーに参加したい」と池袋在住の乱交パーティー主催者の元を訪れたという。いったい、なにがあったのだろうか。

「介護職になってまだ1週間で、それまで自宅でネイルサロンをやっていました。コロナでまったくお客さんが来なくなって、本当にどうしようってなって廃業。で、介護職になりました。こんな時期でも介護は求人があったので。いまは家賃も滞納しちゃって、本当にまずい状態でAさん（主催者）に相談したところです。Aさんは介護の仕事が終わってから、パーティーに来なさいって」

東京のある繁華街近く、真美さんは自宅でネイルサロンをやっていた。家賃は9万5000円、3月、4月と2カ月分の家賃を滞納している。自粛要請で本当にお客は誰も来なくなった。来月、再来月のことがわからない。しばらく様子をみていたが、コロナの影響は長く続きそうだった。まったく来なくなった客足が戻るとは思えない。ネイルサロンの継続は断念し、近所の介護施設に無資格未経験で就職することにした。1週間前から毎日、介護施設に出勤している。

「ネイルサロンの客単価は6000〜8000円くらい。コロナ前も週数人しかお客さんは来なくて、そもそも苦しかった。収入が減ったというか、なくなって思い切ってAさん(主催者)に相談した。知り合いが困ったら相談するといいよ、って紹介してくれた。パーティーへの参加がOKでほっとしました。ネイルサロンの売り上げは1月まで、せいぜい月20万円くらい、いまはゼロ。ダメだったものがコロナで完全にダメになりました」

真美さんは参加が許されて〝ほっとしている〟のは、先述の自発的な福祉として始まった異常性欲の男性が集う乱交パーティーだ。自己責任社会で国や社会から見捨てられた中年女性を、異常性欲の男性の集いに投入して価値を生みだそうという取り組みである。経済的に追い詰められていた真美さんは、介護とパーティーで「生活は立て直せる」と表情は明るかった。

「浄化作戦」で風俗嬢の価値は崩壊

「コロナになって電話キャンセルばかり。ネイルサロンは本当にガクンとダメになりました。結婚してないです。バツもないです。なかなかご縁がなくて、付き合う相手がいたのも6年くらい前までですね。相手が浮気して、話したら向こうから別れましょうって。ネイルサロンは8年くらいやっていて10年は持ちませんでした」

年間の売り上げは200万円程度。売り上げの半分以上は家賃でなくなってしまう。真美さんは開業から現在に至るまで、税金の申告も、消費税の納入もいっさいしていない。

「コロナで国のセーフティネットがあるのは知っています。けど、税金払ってないので全然関係ないかな。税金の払い方とか知らないし、申請の仕方もわからないし、なにもわからない。風俗嬢の頃から非課税でずっと生活して、それでなにも問題がなかったので。ネイルサロンの売り上げだけじゃ足りないから、母の年金で暮らしていました。母は去年死んじゃったけど」

前情報なしで顔を合わせたが、やはり真美さんは元風俗嬢だった。8年前に風俗嬢から足を洗って、自宅でネイルサロンを開業。コロナ廃業してこれから乱交パーティーに参加する、という流れだった。

「実家はこの辺りでX高校出身です。高校を卒業して普通に建築関係の会社で事務員をしていました。給料はすごく安かった。12万円台とか。家を出たくて寮のある仕事を探して、20歳のときにスーパーの正社員になりました。スーパーも給料はメチャクチャ安かった。お金が欲しくなって24歳のときに風俗嬢になりました。新宿の箱ヘルですね」

箱ヘルとは店舗型のファッションヘルスのこと。風俗を始めたのは1996年。風俗店はすべて店舗型だった時代である。90年代は風俗嬢が稼げた時代で、風俗嬢たちは月100万円程度を簡単に稼いでいた。店舗型風俗店はその女性にではなく、店や繁華街にお客がついているので、出勤さえすればお客がいた。裸になって性を売る覚悟さえすれば、簡単に価値が認められた性風俗の黄金期だ。

「スキーとかやっていたので、もっとお金が欲しかった。高卒だとなんの仕事をしても安くて、お金をもらうためには風俗しかないかなって。風俗は最初の頃はすごく稼げました。車が1カ月で買えるくらい。スーパーはすぐに辞めて専業風俗嬢になって、マンションに引っ越して、洋服を買ったり、それでもお金が余るのでホストに行ったり。シャンパンタワーも何度もやった。金銭感覚が完全に麻痺《まひ》して遊び放題だった」

建築系の事務員から転職したスーパーも給料は10万円台半ば。20万円になったことは一度もなかった。スキーに行くためにキャバクラやスナックでバイトを始めたが、会社を辞めて、風俗嬢専業になるのがいちばん稼げる道だった。

「高校はバカです。偏差値40もなかったけど、さすがに風俗やる子はいなかった。当時はいまみたいに誰でも風俗をやる時代じゃなかった。女の子が少ないので初日から稼げすぎて、昼職のスーパーはバカらしくてすぐに辞めて、金髪にしてギャルになったんです。いまでいうパリピです。風俗はまったく抵抗なかった。向いているって思ったし、楽に稼げる究極の接客業だって。スキーだけじゃなくて湘南にナンパ目的で行ったり、とにかく遊びまくりました。男もたくさんいて、いま思えば夢みたい時期だった」

現在37歳以上で、二十代前半から風俗や売春を選んだ女性は、それなりの恩恵を受けている。いまでは考えられないほど、女性の価値が認められていた。現在の無店舗型のデリヘルはインターネットで膨大な店舗のなかから選ばれ、さらに膨大にいる女性のなかから選ばれ、さらに指名してもらわないとサービス提供につながらない。店舗型が主流だった90年代、景気がよくお金はまわっていて、繁華街にもお金が流れて活気があった。男性客は次から次へとやってきた。

風俗嬢の価値の分岐点は、明らかに2000年代半ばの「浄化作戦」と呼ばれた店舗型風俗店の一斉摘発だ。〝浄化〟とは汚い店舗型風俗を消し去ろう、という政策だ。石原慎太郎都政が警察官僚を招聘《しょうへい》して始めた。他県も追随して、店舗型風俗店を徹底して潰したことで風俗嬢の価値は暴落した。約15年が経った現在、セックスを売っても最低限度の生活ができない貧困女子たちの悲劇が起こり、コロナによって自粛を迫られ、その小さな価値すらも崩壊しようとしている。

乱交パーティーで食費を稼がないと餓死

「新宿の箱ヘルのあとに吉原に移って、そこが風俗での頂点ですね。最高は月200万円くらいだったと思う」

24歳でファッションヘルス嬢になり、26歳で総額5万円の高級ソープランドに転身した。27歳のとき、赤いフォード・マスタングを買った。大きなエンジン音をうねらせながら吉原に出勤した。

「収入が下がったのは32歳くらいから。5万円の店ではお客が取れなくなって、4万円、3万円ってだんだんと下がった。惨めですよ、惨め。風俗嬢なんて潰しが効かないし、給料10万円台の昼職に戻ろうとか思えない。しがみついてだらだら続けながら、結婚願望が強くなりました。結局、いろいろ嘘をついて仕事は隠したけど、ソープ嬢なんかと誰も結婚しようと思わない。だから男と付き合っても、なんだかんだで逃げられちゃう」

二十代後半から三十代半ばに10人以上の男と結婚前提で付き合ったが、結局、全員にフラれている。

「結婚願望が強すぎて相手が引いちゃう。何度も重いって言われた。お金をだまし取られたこともあって。結婚するので一緒にお金を貯めようねって、貯金して、それを全部持っていかれました」

34歳で総額2万円の店に落ちた。そのとき、結婚して風俗から足を洗おうと心に決めた。男性との出会いは出会い系サイトを使う。相手の男性たちには、職業は〝接客業〟とだけ伝えた。同年代か少し年齢が上のサラリーマンを中心に、自営業者、医療福祉関係者など、いろいろな男と付き合った。全員に強い結婚願望を伝えている。

風俗でも毎月のように稼げる金額は減っていく。なにもかもうまくいかなかった。

「36歳、吉原で働ける店がなくなりました。それで池袋の熟女デリヘルに移った。その頃にはもう月20万円程度も稼げなくなって、一人暮らしはできなくなった。家賃なんて払えない。母親がいる実家に戻って、デリヘルを続けた。15万円を稼ぐにもやっとで、最終的に風俗も結婚も諦めて、ハローワークに行ってネイルサロンの職業訓練を受けたんです。訓練学校を卒業してネイルサロンで働いて、8年前に独立した感じです」

母親が要介護状態になったことがキッカケで、自宅でネイルサロンを開業。月10万円前後しか売り上げられない厳しい経営が続いたが、努力して少しずつお客さんは増えた。自分の稼ぎだけでは生活はできない。ずっと母親の年金頼りだった。去年（2019年）10月、やっと月20万円くらいを稼げるようになったとき、介護も虚《むな》しく、母親は死んでしまった。

年金がなくなって月9万5000円の家賃が重くのしかかった。そして3月に新型コロナがきて、絶対に家賃を払えなくなった。

「10年間くらいは貧乏ながらもやっていけたけど、コロナで完全にダメになりました。家賃を滞納して、大家さんはすごく怒っています。家賃を待ってもらっているいましかチャンスがないと思って、廃業を決断して介護施設で働くことにしました。まだお給料はもらってないけど、夜勤と合わせれば月20万円くらいは稼げそう。貯金はゼロなので、その間をつながなきゃならない。乱交パーティーで稼ぎたいって電話したのが昨日のことです」

現在、池袋の乱交パーティーは自粛中だ。真美さんはいまさっき主催者から自己申告制で一人相手をするごとに4000円というシステムを説明され、緊急事態宣言の解除次第、次回の日程が決まると言われている。

「こんな年齢になってしまったので、たいして稼げないのはわかっています。介護のお給料がもらえるまで、なんとかパーティーで食費くらい稼がないと餓死しちゃう。だから変態だろうが、ハゲのおじさんだろうが、一人4000円だろうが、全然いい。頑張るしかないです」

平成の新自由主義政策、そして令和の新型コロナ騒動――その猛威は中年女性たちを直撃している。裸になって性的行為をしても最低限の生活をさせてもらえない厳しすぎる現実のなかで、中年女性たちの貧困と生き方は次のフェーズに突入している。

第四章　池袋〝売春地帯〟で生きる

2020年5月1日、12時。池袋で街娼（立ちんぼ）する三輪美香さん（仮名・39歳）と会うことになった。コロナによる影響を聞くためで、再び池袋に向かっている。

ゴールデンウィーク真っ只中のこの時期、不要不急の外出自粛要請は佳境を迎えていた。小池百合子都知事による「ステイホーム」の呼びかけは、大きな反発が起きることもなく都民に浸透し、電車は空席だらけだった。池袋駅西口のスクランブル交差点には数えるほどしか人がおらず、一日約264万人の乗降客がある巨大歓楽街・池袋とは思えない風景が広がっていた。都民による自発的な自粛とソーシャルディスタンスは徹底されていた。

マスコミや〝自粛警察〟と呼ばれる市民たちは、パチンコ店や営業を続ける店舗を攻撃し、インターネットには「自粛」を非難する人々への誹謗中傷があふれていた。昨夜（4月30日）には、東京都練馬区のとんかつ店店主の男性が焼身自殺したという報道があった。東京オリンピック延期や新型コロナによる営業自粛を悲観してのことだったという。この店主は、東京オリンピックの聖火ランナーに選ばれていた。

筆者は静かな池袋を眺めながら、日本は元の姿に戻るのだろうかという不安と少しの恐怖を覚えた。

池袋駅西口にある街娼スポット

「立ちんぼ？　北口にいるのは中国人と台湾人、日本人はずっと前から西口駅前って決まってるんだよ」

美香さんは挨拶もしないうちに、やや乱暴にそう吐き捨てた。彼女は二十代から15年間以上、池袋駅西口に立つ街娼だ。池袋駅西口には街娼スポットが2カ所あり、彼女はそのどちらかにいつもいる。

池袋駅西口前で待ち合わせていた。美香さんは巨漢なのですぐにわかる。目が合った。挨拶するわけでなく、自然と「その場所」に足が向かっていく。

街娼は違法行為なので女性たちは一般社会とは隔絶されている。長年、その世界で生きる美香さんとは、顔をあわせて挨拶し、主旨を説明して協力してもらうというような一般的な取材者と取材対象者のような感じにはならない。まず大前提として、筆者が〝書籍執筆のために取材している〟という社会的行為そのものに、彼女はまったく興味がない。

街娼というと夜や暗闇をイメージするが、池袋の街娼は陽の当たる場所で昼間に活動する。筆者は池袋を日常的に通行するので、「その場所」を何十回、何百回と見たことがあるが、強烈に陽当たりのいい場所でイメージは海水浴場に近い。

10時から16時が主な活動時間だ。池袋の街娼たちは夜や深夜まで客を待つことはない。午前中、彼女たちはそれぞれが暮らす場所から街娼スポットに〝出勤〟する。アパートで暮らす単身女性もいれば、ホームレスやネットカフェ難民もいる。そして、午前中のうちに顔なじみの暴力団員が集金にやってくる。彼女たちは黙って暴力団員に1000円札を1枚渡す。

いわゆるショバ代と呼ばれる〝みかじめ料〟で、1000円は池袋駅西口で一日、客をとるための料金だ。街娼専業の常連、副業の非常連を合わせて池袋には数人〜十数人の日本人街娼がいる。彼女らは全員、ここで客をとるときはショバ代を支払っている。

ここで美香さんの外見、風貌を伝えておこう。ものすごく太っている。おそらく体重は120キロを超えているだろう。今日は前面にキャラクターがプリントされたマタニティー用のシャツを着ている。そして、手づくり風の布マスクを顎にかけている。巨乳だ。大きな胸は垂れているのか、お腹のあたりが膨らんでいる。ひと目でブラジャーをしていないことがわかる。そして、歯がない。しゃべりながら見える範囲の歯は、1本もない。歯がなくても滑舌が悪いことはなく、言葉は普通に聞きとることができる。昭和56年生まれ、39歳だという。

実は美香さんと会うのは2度目で以前にも話したことはあるが、街娼という職業柄なのだろうか、家庭や仕事、雇用など社会全般への興味がいっさいなかった。恋愛だけには若干興味があるようにみえたが、一般社会への興味がないためか〝女性の性〟を売っているという意識、自分の商品価値を上げるみたいな意識はまったくない。歯がなくても下着をつけていなくても、なにも気にしていない様子だった。

39歳の〝大型アイドル〟

「池袋はすごくいいところ。本当にいい。ヤクザはうるさくないし、仲間はたくさんだし、毎日楽しいし」

美香さんは歯がない唇を開けて、今日初めて笑った。すぐに池袋駅西口近くにある街娼スポットに到着する。男性と女性が大勢いる。男性はボロボロの布をまとったホームレス風、発泡酒を片手に大きな声でしゃべる泥酔者、高齢者。多くの生活用品を自転車にくくりつけて移動するホームレスもいた。

そして、その集団の中に女性もいる。極端に太った体躯《たいく》の大きな女性、髪の毛を長年洗っていないと思《おぼ》しき老婆、歯がない中年女性など、男性も女性も「一般的」といえるような人はまったく見当たらない。

美香さんが到着すると、彼女の名前を叫びながらわらわらと複数の男性たちが群がってくる。酔っている男性が多く、なにか宴会のような雰囲気だ。筆者は少し離れた場所から彼らを見ていたが、大声で語りまくり、時に絶叫し、笑顔まみれで楽しそうだ。完全に3密状態であり、新型コロナ感染や不要不急の外出自粛要請みたいなことは、まったく気にしていない様子だ。

この宴会のような集いは池袋駅西口のとある場所で、晴天時には毎日行われている。筆者が1週間ほど前にここを通ったときには、彼らの横で豊島区役所職員が拡声器でステイホームや不要不急の外出自粛を呼びかけていた。職員は汗まみれになって叫び続けていたが、彼らは誰一人として気に留めていなかった。

15分くらい経っただろうか。美香さんに群がる高齢男性の一人が笑顔で叫びながら、彼女のノーブラの巨乳を揉みだした。お腹のあたりの巨乳がブラブラと揺れる。流れに任せて別の高齢男性がもう片方を揉みだして、もはやフィーバー状態である。美香さんはこのセクハラ、痴漢行為を気にする様子もなく、何事もなかったかのように笑っている。

男性たちの年齢は55〜75歳くらいだろうか。宴《うたげ》を繰り広げるのは午前中から夕方まで。一般的な社会人であれば労働時間である。彼らの属性は無職、日雇い労働者、ホームレス、生活保護受給者、独居老人など。

生活保護者や独居老人は主に豊島区、板橋区、北区、そして東武東上線や京浜東北線沿いの埼玉県在住で、そこから池袋駅西口に集まってくるようだ。午前中から顔見知りと談笑し、酒盛りしながら盛り上がり、気が向いたらすぐ隣にいる街娼を

〝買う〟こともある。

一方、女性の年齢は45～65歳くらいか。三十代は美香さんだけだろう。年齢が若いことで男性たちに一番人気のようだ。彼女がこのスポットに現れると、男性たちがすぐにわらわらと集まってきて彼女を取り囲む。そして盛り上がる。彼女はアイドル的な存在であり、太っていても、歯がなくても、まわりの評価は高い。彼女にとって居心地がよく、そのため街娼をずっと続けているのだろう。

午前中から酒盛りする人々は、異様な雰囲気を醸しだしている。少なくとも「普通」ではなく、貧困層みたいなイメージはひと目でわかる。そのスポットは繁華街、大通りに面していて、一般通行人もメチャメチャ多い場所である。貧困が可視化されているのだ。美香さんを筆頭に常時数人いる街娼たちは、ただその場にいる仲間うちだけではなく、通行する誰かしらからも声をかけられる。そして、価格交渉してホテルや公衆トイレなどに移動して売春をする。

街娼から男性に声をかけることはない。買いたい男性が寄ってきて、街娼は価格を伝えて応じるだけだ。営業や営業努力みたいなことは基本的に必要なく、日々、宴をしながら遊び半分やノリでお客をとり、肉体関係を通じて相手からお金を渡されている。そのお金で生きていけるようだった。

男性たちも街娼も、社会的な常識や世間の目、他人との競争、自分をよく見せたい自意識などから解放されている。池袋駅西口にいる男性や街娼は不幸どころか、とても幸せそうに見えた。

新型コロナで売春価格を1万円に値上げ

筆者はある人物を通じて美香さんを紹介され、彼女は興味がないので事情がよくわからないまま筆者を相手にしている。同行した池袋の街娼スポットでは、乳揉みまくりのパリピ的な宴が続いていた。彼らは楽しそうだったが、社会や社会的な人物は受けつけないという閉鎖性も感じられる。

美香さんはいま1万円で売春している。新型コロナで池袋の人通りが減り、その影響で売春の売り上げは半減した。新型コロナ前までは売春価格は5000円から受けつけていたが、客が半減したため5000円で売ることはやめたと言う。彼女の客はリピーターなので苦情はほとんどなく、売り上げは微減程度らしい。

「彼氏？　前はいたよ。何カ月か前までは2人いた。双子のヤクザね。あとストリートミュージシャンの駿君（仮名）ね。駿君はお話しするだけ」

以前に会ったとき、こんなことを話していた。5000円を彼女に渡し、喫茶店に連れだした。営業自粛要請で池袋の中心地では、ほとんどの店舗が閉まっているか、テイクアウトだけの営業だった。たまたま通りがかった喫茶店が営業していた。ほぼ満席という状態だった。現状の生活を聞きたかったが、筆者は会話のフックになんとなく「彼氏とはどうなったの？」と振ってしまった。すぐにおかしな話になった。

「最初、元彼が双子って知らなかったのね。辰治（仮名）と竜二（仮名）っていうんだけど、見た目はいかにもヤクザ。年齢はよくわからないけど、アタシと同じくらいの年齢なんじゃないの。パンチパーマでジャージ着て、サングラス、クネクネ歩くみたいな。最初は辰治が売春の客で、そのときはいまと同じでホテル別1万円でやった。で、セックスして俺の女になれって口説かれた。セックスもうまかったし、まあ、いいかって。辰治は武闘派のすごくバカで、しのぎはずっとカツアゲみたいなことをしている」

売春、双子のヤクザ、カツアゲとひどい単語が飛び出す。美香さんには相手が〝なにを、どうして、どんな理由で聞きたいのか〟みたいなニュアンスは通用しない。街娼としてずっとチヤホヤされて好き放題に生きているので、話したいことしか話さないというタイプだった。

元彼についての質問に前のめりに答えるので、そこから始めることにした。

辰治との出会いは、売春婦と買春客という関係。池袋駅西口のあの場所で声をかけられている。客としてセックスしたが、発射後に口説かれて恋愛関係になった。なので、辰治はその後お金を払うことはなかった。それから辰治は夕方以降に街娼スポットに頻繁に来るようになり、週2～3回の頻度で肉体関係をもつようになった。

美香さんは辰治を〝彼氏〟〝元彼〟と言うが、セックスフレンドみたいな関係のようだ。社会と隔絶したところで生きているので、美香さんの言葉の使い方や意味のニュアンスは一般人のそれとは少し違う。リモートワーク中と思しき隣のサラリーマンには、すべて聞こえている。しかし、池袋ではそんな珍しい話ではない。サラリーマンは、あまり気にしていなかった。

元彼は「前科8犯」「ペニスにシリコン玉」

「辰治は前科8犯だった。池袋はヤクザたくさんだから。公園で1000円集めている人たちとは別ね。でね、辰治はチンポにシリコン玉2個あるの。傷害か恐喝で懲役になったとき、刑務所で入れたらしいのね。なんか見た目は気持ち悪いけど、シリコン玉がちょうどスポットに当たるからけっこうよかったよ。でさ、さっきもジジイたちに触られたけど、この仕事ってけっこうストレス溜《た》まるのよね。だから辰治はセックスよかったのが付き合う理由だよね。そりゃ、そうでしょ」

辰治との恋愛が始まったのは、3年前。辰治も美香さんもお金はない。辰治の収入は生活保護のうちの生活扶助（食費・被服費・光熱費などの日常生活に必要な費用）と通行人相手の恐喝で、池袋駅西口にやってきても、セックスするのはいつも住宅扶助で借りている辰治の自宅アパートだった。2人は東武東上線に乗って移動した。

「辰治と知り合って半年くらい、毎日毎日セックスで完全に溺れちゃったことがあったのね。そんなとき、いつものように辰治のアパートに行ったの。私、我慢できなくて押し倒しちゃったの。脱がして騎乗位でした。なんか感覚違うなって。ちょっと痛いし、変だなって。気持ちいいけど、変、変って。したら、その相手は辰治の双子の兄の竜二だったの。きゃははははは」

歯のない美香さんの高笑いが、喫茶店全体に響く。家賃4万5000円の福祉物件で起こった数年前の出来事らしい。

彼女はセックス好きで、生業の売春は趣味の延長みたいな感覚のようだ。この数年は客が高齢化、ホテルに行っても満足にできないことは頻繁にある。ある日、たまたま1週間くらい禁欲生活で欲求不満だった。美香さんは夕方、池袋から数駅の彼のアパートに行き、合鍵で玄関を開けた。そして出てきたジャージ姿の辰治を押し倒し、上に乗って脱がして生挿入した。

しかし、それは辰治の双子の兄・竜二だった。

双子の兄・竜二と弟・辰治は瓜二つだった。生き写しのように外見はまったく同じで、職業も同じヤクザ。組の人間も見分けがつかなかったという。まったく姿形が同じの辰治と竜二の違いは、チンポのシリコン玉の数だけだった。兄・竜二は男性器に11個のシリコン玉を入れている。弟・辰治は2個だけ。美香さんは押し倒し、騎乗位で腰を振ったセックスの途中、相手が彼氏の辰治ではないことに気づいた。

「辰治なのに、辰治じゃないからビックリしちゃったよ。でも、続けたけど」

しばらくピストンしているうちに気持ちよくなって、発射するまでやった。常識やモラル、倫理観がある一般社会では聞くことができない異常な話だが、社会と断絶している彼女の中では普通のことのようだ。貧困や階層化で社会が分断されると、ある階層には信じがたいことが起きることになる。

「すぐに竜二を押し倒しちゃったことを、辰治にも話したのね。辰治は〝あーそうなんだ、へー〟って笑っていた。きゃっはーって笑ってた。その日から彼氏が2人になっちゃったの。2人ともセックスが強いから好きだった。だから、何度も3Pを誘った。けど、2人とも〝3Pだけは、それだけは絶対ダメ！〟って嫌がったよ」

美香さんは3年間、昼間に街娼しながら夕方以降に辰治か竜二とセックスする生活を続けた。2年前、竜二がいなくなった。辰治から逮捕された、と聞いた。そして去年、辰治とも連絡がとれなくなった。東武東上線沿いのアパートにも行ったが、空き家状態になっていて誰もいなかった。2人は池袋から消えた。美香さんの〝恋愛〟は終わった。

「一日一人誰かとホテルに行かなきゃ生活できないわけ」

5月1日、15時半。池袋の喫茶店にいる。

美香さんは元彼との〝異常な〟話を楽しそうに語った。しかし、現状や過去の話になると、途端にトーンダウンする。相変わらず筆者が、「新型コロナの取材をしていて、記事を書くために情報が欲しい。だから美香さんのところに取材に来ている」という、こちらの事情は理解してもらえない。なんとか、彼女が話してくれることを聞いていくしかない。

美香さんは21年前、千葉県内の県立高校を卒業している。検索すると、出身高校は偏差値40台前半だった。過去のことはあまり覚えていないようで、学生時代や実家のことは質問しても、話してくれなかった。

高校を卒業してフリーターになった。飲食店などでアルバイトをして、23歳のとき池袋駅西口の街娼になっている。千葉の地元は池袋から電車で2時間程度の距離だが、親とは断絶状態で地元に知り合いや友達は誰もいない。今年で池袋に来て、つまり街娼となって16年目になる。その間、実家には一度も帰っていない。

「いちおう、アパートは借りている。けど、いまは友達のうちで暮らしてるのね。先月（3月）に稼げなくて、光熱費が払えなくなっちゃった。電気とガスが止まったから、夜、家に帰っても生活できないの。電気代が7000円もして払えない。あとエロビデオの仕事もなくなって。こんなんじゃ、もう全然だめ。だから売春代を値上げした。エロビデオが月イチでないと死んじゃう。エロビデオは1万円か2万円もらえるから、すごくいいの」

〝友達のうち〟とはおそらく街娼スポットにいる独居老人の家だ。新型コロナの影響で売り上げが下がり、2週間前から老人宅に居候している。肉体関係はないようだ。

街娼スポットに16年間いると、売春以外の話も舞い込んでくる。3年前から定期的にアダルトビデオに出演し、一度の撮影で1万円か2万円の報酬をもらっている。アダルトビデオで稼ぐ月1万円を光熱費にあて、撮影がなくなったことで光熱費が払えなくなった。3月から光熱費は未払いで、2週間前に電気、数日前からガスを止められた。電気が止まってから家には帰っていない。

「毎日やることはエッチだよ。仕事だからね。客はさっきの場所で誰かに誘われるとか、あと西口を適当に歩いていれば男が寄ってくるから。それで金をもらってホテルに行くだけ。客はほとんどおじいちゃんだね。常連の人もいれば、知らない人もいる。けど、みんなおじいちゃん。ずっと、あの場所でわいわい遊んでいるけど、一日一人誰かとホテルに行かなきゃ生活できないわけ。だから一日一人、誰かとホテルに行く。行けば、その日の仕事は終わりなので家に帰るのね。コロナになってから一人1万円とってるけど、たまに勝手に2万円くれる人もいる。いろいろ、適当だよ」

ホームレス、無職、生活保護の中年男性は彼女を買うことはなく、財布の口を開くのは独居老人のようだ。路上に座っていて声をかけてくるのも高齢者で、客層は60~80代である。50代以下の客はいないという。

「最近の太客《ふときゃく》は〝弁当じいさん〟だな。去年から毎週2、3日、弁当持ってきてくれるのね」

〝弁当じいさん〟と〝90歳じいさん〟の援助

この3年間ほど、弁当を抱えて美香さんに会いにくる老人がいる。池袋駅西口のそのスポットで1~2時間話し、5000円を置いて帰っていく。話の内容は天気がどうだとか、昨日はなにをしていたとか、他愛もないことだ。

「弁当じいさんが持ってくる弁当は、コンビニとかじゃなくて、東武百貨店で売っている高い弁当だよ。和食とか中華とかいろいろ。美味しいよね。たぶん今日も来る。弁当じいさんは私だけに弁当を買ってきてくれて、必ず5000円を置いていく。べつにホテル行くわけじゃなくて、あそこでちょっと話をするだけ。本当にラッキーだよね。だから、弁当じいさんがいるから、そんなお金には困ってないんだよ。だって、週3で来たら1万5000円だからさ」

美香さんの収入をおおよそ計算してみる。

池袋駅西口に週5日は〝出勤〟する。一日一人は誰かしらからお金をもらっている。現在の入金手段は、会話するだけの〝弁当じいさん〟から5000円をもらう、誰かしらとホテルに行く、アダルトビデオの撮影のうちのどれか。月の稼働日数を22日とすると、弁当じいさん5000円×12日、弁当じいさんが来ない日1万円×10日、そして月一度のアダルトビデオが1万~2万円となる。おおよそ月17万円の収入がある。

豊島区内に家賃4万2000円のアパートを借りている。食事は弁当じいさんがくれる高級弁当がメインで、それ以外は牛丼や立ち食いそばなどを食べる。街娼は貧困の象徴のように扱われるが、彼女はなんとか生活ができているどころか、社会と断絶されたことによって楽しそうに生きている。貧困が可視化される街娼をしていると、弁当じいさんのような援助が入ることもあり、これが大きい。

現在、勤労世代(20〜64歳)の単身女性の3人に1人は貧困状態で暮らしているといわれる。美香さんは毎日、朝から遊びほうけているので池袋には知り合いが多い。常時、貧困が可視化されている状態なので、勝手に誰かしらから援助も入る。月17万円の収入があって、定期的に高級弁当の差し入れがあるとなると、単身で暮らす非正規雇用の女性のほうがはるかに生活は苦しそうに思える。

「弁当じいさんの前は90歳のじいさんが太客だったのね。90歳じいさんは、去年死んだ。死ぬ前、何年間か毎日、来てくれてたよ。それで毎日1万円か2万円はくれたから、めちゃめちゃ余裕があった。それまでホームレスだったけど、部屋も借りることができたんだよね」

池袋の街娼は高齢者を相手にしている。池袋駅西口に来るのは独居老人から、年金額が高い高齢者までいる。老人がお金を払うのはセックスの代償ではなく、「援助」のような意識が強い印象だ。美香さんは高齢者からまさに再分配を受けていた。街娼の客は高齢者なので、最期が近い。話を聞いていると売春というより介護に近い状態だった。

「90歳じいさんはプレイなんてできないよ。死んじゃう寸前だから勃起なんてしないし、そんなこと絶対できないから。午前中に来て、そこにあるFって喫茶店に行くの。それでお茶して、たまにホテルで添い寝するだけ。喉頭がんだから話ができないの。ずっと添い寝だけ。会話は筆談で、ちょっとなんか書いたりそれを読みながら一緒にいたいだけなんだよね。喉頭がんだから喉になんか入るとまずい。水とか。だからホテルで頭と背中だけ洗ってあげるとか。あとはベッドで抱きあって寝てる。年金すごかったみたい。たくさんもらってるって。いいところの会社に勤めていたみたいで年金が多いって。昔の話とか紙に書いて、みたいな……」

90歳じいさんは最期、彼女に「ありがとう」と書いて死んでいったという。

62歳パート女性の副業は〝街娼〟

「もういいでしょ。言うことないから」

1時間くらい話を聞いたところで、そう言いだした。ひとつの場所に座って、長い時間、話をすることが難しいようだった。

「5000円出してくれるなら、別の女性を呼んでくるよ」

ぜひ、と頷いた。美香さんは店を出て西口の街娼スポットに戻った。しばらく待っていると、千堂道子さん（仮名・62歳）がやってきた。小柄でスレンダーな初老の女性だった。

「美香ちゃんとは、西口のお友達。ずっと前に一緒に焼肉の食べ放題の店に行って、そこからお友達になったの」

滑舌が少し悪く、言葉は聞き取りづらい。春物のジャンパーにズボン。外見は清潔感のある普通の女性だった。街娼歴は20年。現在は都内の食堂でパートをしながら、時間が空き次第、池袋駅西口に来ている副業街娼だ。3月下旬、コロナの影響で食堂は営業時間短縮になった。労働時間が減るので、そのまま生活を直撃した。

「○○（一部上場企業）の社員食堂で働いているの。それで土日はお掃除の仕事。でもコロナになって会社に来る人が減ったの。よくわからないけど、リモートなんとかで仕事がなくなっちゃった。食堂も掃除も減らされた。食堂のお仕事はご飯の盛りつけとか」

社員食堂での時給は１０３０円、最低賃金である。この数年、政府の方針で最低賃金は徐々に上昇している。コロナ前の勤務時間は9時半から16時半。月給は12万円ほど。パートの賃金だけでは単身暮らしはできないので、土日に掃除のアルバイトもしている。

飲食店や駅などを掃除する。掃除のアルバイトで月5万円程度を稼ぎ、なんとか最低限の生活をしていた。家賃は5万３０００円と少し高い。最低賃金なので休日なく毎日働いて、やっとギリギリの暮らしができていた。

しかし、3月に入って新型コロナが襲ってきた。3月中旬、食堂は突然、時間短縮営業となって、道子さんの勤務時間はなんの説明もなく11～13時半となった。時間給なので収入は6割減となる。12万円（コロナ以前）×０・４で、月収は4万８０００円となってしまう。

労働時間短縮だけでなく、出勤制限もかかった。さらに掃除の仕事もしばらく来なくていい、と言われた。一人暮らしで東京には血縁関係は誰もいない。誰も助けてくれない。3月下旬、出勤制限がかかったので久しぶりに街娼をしようと池袋駅西口に向かった。そして、集金係の暴力団員に1000円を支払っている。

「もう西口に行くしかないでしょ」

3月下旬、池袋駅西口に行くと、昔、仲がよかった美香さんはまだ活動していた。久しぶりの再会で話は盛り上がった。道子さんは新型コロナの影響で生きていけなくなったことを、美香さんに伝えている。

「食堂はコロナで4人掛けのテーブルに2人しか座れない。時間も制限されてどんどんお客さんが来なくなっちゃって、私は2時間半しか働けないのよ。時給は最低賃金。家賃5万3000円もとられちゃうから、もうギリギリなんてもんじゃない。今月はどうにか払ったけど、もう西口に行くしかないでしょ。いまね、一緒に組んでいる子がいるの。ホテル行って3P。私はお店にもいたことあるし、そういう仕事は得意といえば得意なの」

「組む」とは、もう1人の街娼と提携し、お客を紹介しあうことだ。

道子さんは初老、カラダに鞭《むち》を打ちながら副業で街娼をしている。副業なのでいつも池袋駅西口にいる美香さんのように常連がいない。客はゼロからの開拓であり、初老女性なので客は簡単に捕まらない。営業対策として、似たような境遇の街娼と組むことを思いついた。

道子さんが新規の客を見つけたとき、もう一人別の女性を呼んでいいかを客に聞く。そうして3Pに持ち込む。客は1万円の売春代をそれぞれに払うため、支払いは2倍となる。街娼の賃金は短期的には増える。しかし、リピーターになる可能性は減る。

「昔は立ちんぼのお金もよかったから、生活に困るなんてことはなかった。けど、いまは厳しい。コロナで人が歩いてない。だから、客を捕まえたら義理の妹を呼んでいいかって言って、義理の妹ってことでもう一人を呼ぶの。美香ちゃんを呼ぶこともある。一度終わったあとにも、もっと遊びたくない?って、義理の妹がいるけどって。それで美香ちゃんを呼ぶの。私の腹違いの妹だけどねって。お父さんは同じだけど、お母さんは違うんだよって」

腹違いと言って無理やり〝妹〟を呼び、巨漢で歯のない美香さんが現れる。そういう展開のようだ。一般的なマーケティングからすると、客にはリピーターになってもらうことがいちばん効果的なのだが、道子さんにそのような考えはない。生業の食堂は出勤制限がかかり、掃除の仕事はなくなり、立ちんぼも苦戦している。

20年前に嫁いだ家を出て、戸籍も捨てた

道子さんが東京に来たのは20年前、42歳の時。嫁いだ家からボストンバック一つだけを持って逃げてきた。

「こういう仕事をするのは東京に来てから。もう20年前だよね。あまり思い出したくないけど、22歳で山口県の人のところに嫁いだの。元夫は漁師。乱暴だし、横暴だし、ロクなもんじゃないよね。姑にも偉そうにされて、本当に人間扱いされなかった。もう、いろいろあった。いろいろ。嫌になって出てきちゃった。家出だわ。話し合って離婚じゃなくて、籍を入れたまま逃げてきちゃった。だから、東京では一人ぼっち。本当になにもなかった」

なにも持たずに数万円だけを持っての家出だった。住所もないので仕事を探すこ

ともできない。引き寄せられるように池袋駅西口にやってきて街娼となった。風俗店にも在籍した。

最初の半年間はネットカフェや客と泊まりの売春で、雨風をしのいだ。ピンクサロンや熟女ヘルスでも働き、お金を貯めて現在も住んでいる5万3000円の部屋を借りることができた。山口県にいる元夫は、失踪した妻を探して捜索願を出していた。なんとか見つかることもなく、20年が経った。道子さんは自分の戸籍が、いまどうなっているのか知らない。

「うんと働かないと病気しても健康保険がないから。病院行くにも保険がないからお金がかかる。病気したらおしまいだと思うから、金のためならっていっぱい客とったよ。一生懸命客をとった。それと風俗もやった。熟女デリヘルとかピンサロとか。デリヘルのときは客が来れば夜中にも行ったし、本当にたくさん働いたよ。あと、男も拾っちゃったの」

街娼になって半年で部屋を借りることができた。部屋を借りて生きることはできても、あらゆる社会保障からは除外されている。いちばん心配なのは健康保険証がないことだ。いまはパートの人でも多くの場合、社会保険が適用される。しかし、道子さんは未加入だった。街娼でも確定申告すれば、社会保障は整えることができる。そのような情報はどこからも入ってこないので、なにも知らなかった。

「なんかコロナで生きていけなくなっちゃった」

東京に逃げてきた最初のころ、昼間に池袋駅西口で街娼し、夜はデリヘルやピンサロに出勤した。24時間体制で客をとる生活。カラダを売って、なんとか漁師の元夫から逃げることができた。それだけで幸せだったが、誰も知らない東京でたまにすごく淋しくなる。

「最初は売春の客だった。けど、寂しくて拾っちゃったの。15歳年上の三郎って男。私が43歳のときで三郎は58歳の無職でヒモかな。とび職やっていたみたいだけど、肉体労働はジジイになると捨てられちゃうみたい。だから、その男の面倒もみなくちゃいけなくて、大変だったよ。だからいっぱい働いた。5年前に死んじゃったけどね。酒の飲みすぎで肝臓がんになって、何年間か看病したけど死んじゃった。朝、起きたら死後硬直していて口がわーって開きっぱなしになっていた。怖いからボンって閉めたの。死んじゃった顔見て、あー志村けんみたいだって。『変なおじさん』みたいな。そんなことを思ったよ」

三郎が死んで、肩の荷が下りた。もうこれからは最低限の生活ができればいいと、街娼と風俗から足を洗って食堂勤めを始めた。知らない男の相手をする街娼や風俗の仕事は疲れる。三郎がいなければ、もっと早く足を洗いたかった。

三郎が死んで5年が経った。そして、新型コロナによって食堂で稼げなくなり、街娼として池袋西口に出戻ってきた。

「三郎は野良猫ちゃん。寂しいから拾っちゃったけど、もう男はコリゴリ。だから独り身を満喫していたけど、なんかコロナで生きていけなくなっちゃった。本当に生きるって大変ね」

道子さんは、しみじみとそう言う。5000円を渡すと、「これでお肉食べようかな」と、すごく喜んでいた。

常連客は高齢者ばかり「悪い！　行かない！　死にたくない！」

売春は売春防止法で禁じられている違法行為だ。

ソープランドもアダルトビデオも、デリヘルの裏引きもパパ活も、解釈によっては売春防止法違反となる。しかし、この法律が売春する女性に適用されるのは基本的に街娼だけである。理由は法律が生まれた時代背景にある。

売春防止法が施行されたのは、昭和32（1957）年。戦後、戦争未亡人が困窮して次々に売春婦になったことから生まれた法律で、街から街娼をなくすことを目的としている。売春防止法で罰せられるのは売春婦を管理・斡旋する業者であり、売春婦は保護対象となる。売春婦が刑事罰に処せられるのは、売春の勧誘行為だけだ。街娼が不特定多数の男性に売春を目的に声をかけること、誘うことが厳しく禁止されている。

池袋西口の街娼たちは、それぞれ営業努力や工夫はしているのだろうが、基本的にわいわいして遊んでいる。目立つように声かけはしていないが、街娼は完全な違法行為だ。違法なので暴力団のテリトリーにもなっている。

2020年5月3日。5月6日を期限としていた緊急事態宣言の延長は確実視され、池袋の閑散状態は続いていた。営業を継続していた家電量販店も店を閉めている。盛りあがっているのは駅近くにある街娼スポットだけで、今日も直射日光を浴びながらホームレス、無職、独居老人、街娼たちが集まってバカ騒ぎをしている。美香さんは、今日も群がる男たちの真ん中にどんと鎮座していた。

数少ない池袋駅西口の街娼たちにも派閥があるようだ。今日は美香さんとは違うグループの街娼と待ち合わせている。桜田美子さん(仮名・53歳)は池袋駅西口を拠点として20年以上、路上に立ち続けている女性だ。

「私は自粛に殺されちゃいます。もう、誰を恨めばいいんですか」

池袋西口にある喫茶店は、今日も混んでいた。ネットワークビジネスや宗教の勧誘だろうか、客層は悪い。杖《つえ》をついてやってきた美子さんは椅子に座るなり、そう嘆きだした。新型コロナが街娼活動に大きく影響を及ぼしているようだ。

――新型コロナで売り上げが下がったんですか。

「そう、もうめちゃくちゃ。収入はコロナのせいでなにもなくなった。前はあったの。1月までは普通にあった。家賃を払って光熱費を払って、生活ができる程度のお金は入ってきていた。コロナで客足がなくなっちゃって、もう殺されちゃうくらい」

――何月くらいからおかしくなったんですか？

「2月末から急によ。うちの常連さんは、みんなお年寄り。みんな怯《おび》えて家に籠もるようになっちゃった。『大丈夫だよ。マスクをしてくれれば！』って電話しても、『万が一があるから。悪い！　行かない！　死にたくない！』って。電話切って『バカヤロー！』みたいな。いま電話も止まっちゃった。お金がなくて支払いができなくなったんで『お客様のご都合により……』っていう状態。客に連絡もできないわ」

――路上じゃなくて電話で客を呼ぶんですね。

「常連は電話で呼んで、あとは西口に直接来る人もいる。路上に立っていれば声をかけられるけど、常連を電話で呼ぶほうがメインだね。今日来なよって呼ぶんではなくて、前もっていつ来れる？って。電話つながっているときは連絡しまくったけど、『こんな状態で行けると思う？　コロナにかかったら死ぬんだぞ』って逆に言われた」

――客は本当に高齢者ばかりなんですね。

「みんな60歳以上。定年退職を迎えた老人ばかりで、太った女が好きっていう人が集まったのかな。生活保護の人はいないかも。太った女好きの高齢者。売春代は最低1万円で、最高1万5000円。ほとんど収入がなくなっちゃった。私はこれでも15人くらいは常連がいるの。みなさん必ず月1回は会ってくれてた。だからどうにか食べていけたけど、みなさんコロナに怯えてもうだめです」

“パチンコ売春”という原体験

池袋駅西口の街娼スポットは目立つ場所にある。東京都板橋区在住の筆者は池袋に行くことが多い。事情を知っているので、そのスポットを通るたびにメンバーを眺めている。美子さんはだいたいいる。

美子さんの外見もお伝えしておこう。とにかく太っている。髪の毛はボサボサで、歯は半分程度がない。体重が重すぎることが原因なのか、最近は満足に歩けないようだ。今日は杖をついている。成り行きに任せる美香さんと比べると、美子さんは常連と頻繁に連絡を取るなど、それなりに戦略的に売春活動をしていた。

——月15万～20万円くらい稼げていたの？

「そのくらいはあった。常連は大事。うちの仕事は立ちんぼだけど、立ってフリー客を捕まえるのは難しい。ましてやうちはキレイな容姿じゃないし、太ってこんな体型だから声をかけてくる人はいない。けど、太っている女が好きっていう人に引っかかれば、その人を離さないように一生懸命サービスして好いてもらってっていう努力はしたよ。立ちんぼ歴20年以上にして、やっと15～16人を捕まえることができた。やっと普通の生活をつかんだのに、こんなことになっちゃった」

——20万円稼いだら、あそこではトップクラスですよね。

「じいちゃんたちも他の太っている女を探すのが面倒くさいから、『いいや、このコで』っていうのもあるのかも。それでも私にとっては貴重なお客さんで、ただコロナちゃんで全部だめになりそう。先月はどうにか5人来てくれたけど、5人じゃ生活できないよ」

――立ちんぼを20年間以上もやっているんですか。

「そうですね。33歳で東京に出てきてるので、それくらい。それまでは普通の派遣で働いてたけど、派遣でグッドウィルってあったじゃないですか。あれがダメになって潰れちゃって。あとパチンコもしていて、どっちも稼げなくなっちゃって、それでちょうど親と喧嘩して池袋に家出みたいな。そこに何日かいたら、おじさんに声をかけられた。『遊ばないか?』って。『カネやるぞ』って。ちょうどお金も底をついていて『あっ、ラッキー! お金もらえるなら行くべ!』って。あ、その前から地元でパチンコ売春していたので、軽い気持ちで立ちんぼになったのよ」

――パチンコ売春ってなんですか?

「25年前くらいかな。20代後半のときからパチンコにハマった。地元は神奈川県で女子高校卒業して派遣していたの。工場の仕分けみたいな。昔から運動も勉強もできないし、趣味もなにもないみたいな人生で、パチンコだけはハマったの。『海物語』って知ってます? あれにハマった。工場で働いている以外の時間は、全部パチンコ屋にいるようになった。で、月給が1日でなくなった日があった。魚群が何度出ても外れた。泣きながら店内を歩いていたら、おじさんから声かけられた。ホテルに行ってセックスしたら1万5000円もらった。なにこれ、えーすごいって」

――それがパチンコ売春のはじまりなんですね。

「そのとき、そのおっさん、テクあってうまくて、気持ちよくなってお金もらってマジですごいって。それからパチンコ売春です。勝てばいいけど、負けたときは景品交換所とかウロウロして、声かけられるのを待つの。負けたらその場で売春したから、朝から晩までパチンコになっちゃった。それで母親からあきれられて絶縁されたんだけど」

――どうしてパチンコやりすぎで絶縁になるの？

「28歳でパチンコはじめて、朝から晩までだったからじゃないですか。母親に何度もいい加減にしなさいって怒られて、最後は母親が『お前なんか産まなきゃよかった』とまで言いだした。その言葉を聞いて家出を決意した。勢いで家を出てそのまま電車に乗って池袋に来たの。それが20年前。家出した何日後かに立ちんぼになったのね」

――立ちんぼって、そんなすぐになれるんですか。

「パチンコ売春でエッチでお金が稼げることは知っていた。だから、もう勝手にやった。最初、私は片手の5000円でやってたの。そしたら他の立ちんぼに怒られて、『そんな低い値段で遊ばせないで！　こっちの単価が下がるでしょ！』って。うちらのルールがあるんだからって。みなさんはいくらでやっていらっしゃいますか？って聞いたら、1万〜1万5000円って。値段を上げたときに客は減ったけど、あれから、なんだかんだで20年も経っちゃったよ」

セックス、セックス、セックスの20年

「池袋に来てから20年間、毎日、毎日セックスしているよ。でも、最近コロナでご無沙汰。こんなこと初めて。うち、実は本当にセックスが好きで、仕事と趣味の境目ないから」

喫茶店で30分くらい話している。美子さんはそんなことを言いだした。性欲が異常に強いらしい。街娼としていくらセックスしても、全然飽きないらしい。もとも

との性格が好色だったことで街娼を20年間も続け、これからもずっと続けると言う。

池袋駅西口の街娼スポットで、美子さんは他の女性たちにも増して群がる男性たちに触られていた。無職、ホームレス、独居老人たちは胸を中心に念入りに触り、当たり前のように豊満な胸を揉みまくり、みんなで盛り上がっていた。一般的な女性には当然、また風俗嬢や売春婦にでも、仕事以外で触ったりすることは常識的に許されない。しかし、美子さんにはそういう感覚はなかった。

「ちゃんと売春を商売にしなきゃって、反省はある。だけど、触られると感じちゃうんだよ。それで勢いでホテルに行ってお金もらわなかったり。そんなふざけた感じだったから、しばらく立ちんぼになっても稼げなくて。ちゃんと商売として売春するようになったのは、せいぜいこの5年くらいかな。おばさんになって、やっとまともになったというか」

新型コロナが始まってから常連客は来なくなった。外出自粛要請の影響で路上で声をかけてくる人もいない。収入減と同時に性行為の回数も減っていることになる。

美子さんは日々売春して性行為をして、特定のパートナーをつくることはしてこなかった。男なら中年でも高齢者でも、ハゲでもデブでもOKで「みんなのセフレみたいな感覚」だそうだ。

「全裸の兄がズンだよね。ズン。立ちバックでズン」

33歳で家出して池袋の街娼になってから、セックス回数が激減したのはコロナ禍で初めてだという。珈琲をすすりながら「最近、実は欲求不満なのよ」と嘆く。そして、とんでもない話が始まった。

「セックス好きになったのは、実の兄にセックスを教え込まれたから。小学校5年のときがはじまりなのよ」

故郷は神奈川県、2歳上の兄がいる。彼女も兄も内向的な性格で、友達ができなかったという。両親は共稼ぎで、いつも兄妹で留守番をしていた。

「私が小5、兄は中1。中学生といえば性に興味ある年頃でしょ。うちと兄はいつも家で一緒だったから、目の前にいるうちに来たの。こたつの中に頭を突っ込んで、うちのパンツを下ろしてアソコを覗《のぞ》いたり、胸触ったり、舐めたり。私はずっとイジメられっ子だったのね。汚いデブ、バイ菌って。そんなんだから人付き合いがとにかく下手で、友達とか誰もいなかった。だから兄がやっていることがいいのか、悪いのかさえわからなかった。で、なんか気持ちいいって。兄はペロペロ、ペロペロ舐めていたからさ」

欲望に任せた猛烈な舌使いで、されるがまま気持ちよくなった。無意識に声も漏れてしまう。こたつに行くと兄は毎日、毎日、ペロペロ舐めてくる。そんな行為を繰り返しているうち、美子さんは性に目覚めてしまったという。

「小学校6年の頃には親が買い物に行く間、『お兄ちゃん、お母さんいないよ』って自分から誘ってた。今、私の体を触れって。自分から求めた。兄には求めまくったかな」

兄とのペッティング関係はずっと続いた。処女喪失は中学2年の時だ。兄は高校1年生になっていた。美子さんが中学校から帰ると、玄関に兄が待っていた。全裸だった。

「全裸の兄がズンだよね。ズン。立ちバックでズン」

初体験を思い出して、興奮してきたのか。口調は高揚している。「ズン、ズン」という言葉が満席に近い喫茶店に響く。

「それから、お兄ちゃんと頻繁に肉体関係をもつようになった。3年間くらい続いたかな。私は高校2年生まで、兄とこっそり毎日セックスみたいな。うちは高校でもイジメられて、友達がまったくいなかった。たぶん、兄も似たような感じだったと思う。だから兄妹で近親相姦《そうかん》しか楽しみがないみたいな。本当に毎日、毎日、学校から帰ってきて生セックス。もう何十回、何百回とやった。よく妊娠しなかったよ」

学校から帰ってくると、兄は自分の部屋に呼ぶ。高校生になってからは親がいても、お構いなしだった。

「呼ばれて扉を開けると、兄が全裸で立っている。いつも、いつも、勃起しているの。メガ勃起っていうのかしら。それでズンと突かれて、声が漏れないようにタオルを口に突っ込まれるの。裸にされて舐められて、ズンってセックス。声出ちゃうとダメだから、その影響があって、私、今でもイクときに声が出せないのよ」

15年間、ネットカフェ難民だった

高校2年生の時、兄に恋人ができた。美子さんはフラれてしまった。突然、セックス相手がいなくなっておかしくなったという。友達はいない、恋人もできたことはない。高校卒業後は、工場で仕分けしているだけの暗黒の日々だった。再び心に火がともったのは二十代後半でパチンコに出会ってから。パチンコ依存症になって負けたことがきっかけで、売春をするようになった。久しぶりの「ズン」という燃えたぎる感覚。それからずっと売春している。セックスは飽きることなく街娼は「天職だよね」と笑っている。

33歳、美子さんはパチンコ狂いを母親に注意されて大喧嘩となった。勢いで荷物も持たないで上京する。池袋にやってきてネットカフェに泊まり、数日後から街娼になった。

豊島区内にアパートを借り、一人暮らしを始めたのは5年前である。美子さんは15年間、ホームレスだった。

——ずっとネットカフェ難民だったんですよね。

「どうにかアパートを借りることができた。常連が増えて、どうにか。5年前に昼間の立ちんぼと、夜に熟女デリヘルしたの。その時、けっこう収入が安定して、どうにかやりくりしてアパート借りたの。水道が家賃に含まれていて無料、それで家賃5万8000円。客に不動産に詳しい人がいて、街娼でも借りることができる物件を紹介してくれたの」

――15年間、ホームレスというのはすごい。考えられない。

「そうですね。本当にそれくらいネットカフェ難民してましたよ。漫画喫茶はフラットソファとかあるんで寝られるし、それなりに快適なのよ。だから、全然大丈夫。最初はロサ会館にあるYってところで、そこが潰れてJになった。Yではフラットでよく寝てた。あとCとか」

――漫画喫茶はお金がそれなりにかかるよね。

「12時間で2000円くらい。ネットカフェは安くて快適、コロナで追いだされたら困る人はたくさんいると思うよ。Cとかは8時間以上の人はシャワーを無料で浴びれて、お金がかからない。12時間以上の人だったら2回浴びられるの。だから私は夜浴びて、朝もう1回とか。ドリンク飲み放題だし。歯がもうけっこうないんだけど、漫画喫茶でジュースの飲みすぎが原因」

常連相手にリモートセックス!?

——どうして部屋を借りようと思ったんですか。

「客のおじさんが『ネットカフェだとカネがかかるからアパートに住んじまったほうがいいんじゃねえか』って言ってくれた。けど、そんなお金はないよって。『ないとかじゃなく、挑戦してみりゃいい。いまどれくらい稼いでいる?』って聞かれて、全部話したら、『じゃあ、俺が不動産屋で探してやるよ。一緒に行こうよ。その稼ぎだったら、大丈夫だ。住める、住める』って。その人のおかげでポンポンとうまくいって、部屋を借りれちゃいました」

——立ちんぼでよく審査に通りましたね。

「一応、風俗嬢ってことにした。そのおじさんが紹介してくれたところは、難しいことが一つもいらなくて。保証会社も不動産屋が探してくれて、ただ万が一の連絡先として身内の方をって。だから兄に連絡を入れた。電話をするのが嫌だからメールで」

――妹をヤリまくったことをどう思っているんだろうね。

「罪悪感もってると思うよ。兄はいまだに独身だし。うちへの罪の意識があるのか、責任を感じているのか、一人暮らしをずっと貫き通してる。父が亡くなったとき、兄に一度だけ『結婚しないの？』って聞いた。『ああ、俺はしない』って、そのあとしゃべらないで出て行っちゃった」

――家を借りて5年くらいが経ちましたね。売春だけでやっているのはすごい。

「いちおう食材とか安い店で買い物して。ずっと牛丼が好きだったけど、牛丼は減らした。家があるから料理をしたほうが安いじゃないですか。牛丼の特盛は700円とかするし。牛丼とかカップラーメンだけの生活だったけど、いまは家で料理してるのよ」

――コロナが続きそうだけど、どうするの？　家賃払えないじゃん。

「大変ですよ。仕事がまったくなくなっちゃったし。定額給付金が入ったら家賃を払う。それからどう乗り切るかだね。これから先、コロナがまだ続くようであれば対策を考えないと。常連相手にリモートセックスみたいなことをするかも。ただ客は高齢者なのでスマホを持ってないんだよね」

住んでいるアパートは、池袋駅から徒歩15分ほど。杖をついているので30分以上はかかる。「セックスできるかもしれないから、いちおう西口に寄ってから帰る」と言って喫茶店を出た。

この章を書いているのは5月30日、緊急事態宣言を解除された初めての土曜日だ。池袋の住人から〝あの場所、もうスゴイ。人だらけ、全員いる〟というメッセージがきた。美子さん、美香さん、道子さん、それに他の十数人の現役街娼が全員揃《そろ》っているらしい。池袋駅西口は外出自粛要請中も盛況だったが、解除されてさらに盛り上がっているようだ。

終章　コロナで政府の経済政策は変わるのか

2020年3月に新型コロナウイルスが蔓延し、世界は変わってしまった。その変貌に、貧困取材を続ける筆者は正直、ホッとした。筆者は子どもの頃は経済的に恵まれ、社会人になってからはデフレによる日本経済の下降一途となった時代を生きた団塊ジュニア世代である。団塊ジュニア世代とバブル世代の男性は、平成時代にターゲットとなった女性や若者に続く、次の貧困化のターゲットだった。

突然やってきたまさかの新型コロナウイルスによって、富める者が混乱し、産業構造は根底から崩壊、株価が乱高下し、平成時代に生産された絶望的な貧困層が可視化された。次のターゲットとして処刑台に立つはずだった中年男性は、コロナによって命拾いとなったのだ。

正直、それまでの新自由主義路線をさらに加速させる令和という時代に、自分自身が生存できるのか不安だった。仮に新型コロナウイルスが世界中に蔓延することがなく、順調に東京オリンピックが開催されていたならば、雇用を奪われた中年男性たちは続々と下層に転落しただろう。彼らは自己責任論をさんざん女性や若者に叩きつけていた世代だ。ブーメランとして返ってきた中年男性の貧困は放置され、若者や女性は自分たちがされたのと同じように中年男性に自己責任論を叩きつけ、膨大な数の命が落ちたであろう流れがあった。

日本はもう立派な「後進国」

悪夢のような平成時代に女性の貧困化は完了した。女性は子どもから高齢者まで経済的にかなり厳しい状態となっている。新型コロナ襲来直前の令和元年は、国民の貧困化のターゲットを若者と女性から移行するというときだった。それはどういうことか。理由として挙げられるのは、データで眺める日本はもう後進国であるということだ。

労働生産性は先進各国のなかで最下位、平均賃金はＯＥＣＤ（経済協力開発機構）加盟国で35カ国中18位、貧困率は38カ国中27位、ＧＤＰ成長率は35カ国中34位と、ひどい状態が国際的に可視化された。いつまでも終わらないデフレで実質賃金の下落は止まらず、２０１９年10月の消費税増税でさらなる次元の苦境を迎えることは確実といわれていた。

新自由主義とは平成時代に日本政府が行った規制緩和、民営化、公務員の削減、市場原理、雇用の自由化、グローバリズム、そして緊縮路線(政府支出の削減、増税、プライマリーバランス)などの考え方だ。

新自由主義が競争によって無駄を省くことだとすると、女性を先に転落させることでこれまで守られてきた団塊ジュニア世代、バブル世代の男性正社員から雇用のセーフティネットを奪うことは、非常に合理的な選択だ。

実際に2018年、経団連のトップや経済界の上層部は、相次いで終身雇用の見直しに言及し、実質「定年45歳」社会が始まろうとしていた。銀行業界ではホワイトカラーの大規模なリストラが実行された。

これまで中年男性の正規雇用は労働組合によって特別に守られてきたが、ついにそのハシゴが外される時だったのだ。

日本はまず国民のなかから女性と若者をターゲットとし、絶望の底に叩き落とした。女性たちの壮絶な実態は本書に書いたとおりだ。もう、とても先進国とは言い難い現実がある。

２０２０年４月下旬、筆者はコロナ禍の歌舞伎町の女性、女子大生、熟年女性、池袋駅西口で生きる女性たちの声を拾った。平穏で安心した生活を送る女性は誰もいなかった。〝もう、どうやって生きていけばいいの〟というギリギリの状態のときに新型コロナウイルスが世界中に蔓延した。綱渡りの綱、蜘蛛の糸の糸がウイルスによって切られたと言っていい。風俗嬢になっても、売春婦になっても生きていけないなら、もう自立して生存することは無理だったのだ。

派遣法改正、実質賃金下落、大学の学費高騰

平成時代と新型コロナウイルスで、日本にいったいなにが起こったのか。もう一度、簡単に振り返ろう。

２００４（平成16）年の労働者派遣法改正によって非正規雇用が多くの企業で一般化し、国民の労働の価値は大暴落した。賃金が安すぎるなかでも消費税だけはどんどんと上昇し、結婚や子育てが上層国民だけに認められる〝贅沢〟となった。この必然的に起こった少子化の一方で、これからの日本を担う数少ない若者たちには、

受益者負担の名の下に大学学費の値上げが実行された。

企業は労働の非正規化、経営の合理化を粛々《しゅくしゅく》と進めるなど徹底した新自由主義的施策をとり続けた。その結果、地方経済は衰退し、大学生の親世帯の実質賃金は下落の一途となった。そんな悪条件下で子どもが親の給付なしに大学進学で上京すれば、奨学金をフルで借りても、まったくお金が足りない。

これも必然的な結果として、勉強を続けたい現役女子大生による夜職、性風俗、個人売春への志願が殺到し、猛烈な勢いで女性の肉体のデフレ化を招いた。平成時代に雇用を守られた中高年の男性正社員や手厚い社会保障がある男性高齢者たちは、若い女性たちを抱き放題、肉体を貪《むさぼ》り放題といった社会が完成した。

世界経済フォーラムが公表した2019年度のジェンダー格差指数で、日本は153カ国中121位と過去最低を更新した。家父長制、長男信仰、男女の賃金格差、世代学費格差など、あまりに不平等な男女の待遇差や世代間格差は、常に恵まれた団塊世代が率先し、貧困で苦しむ女性や若者たちに自己責任論を浴びせ続けた。日本の大人（＝団塊世代以上の層）たちは娘や孫の平穏や幸せ、明るい未来より、自分たちがさらに豊かに生きることを選択したことになる。

団塊世代を中心とした高齢者層は、男尊女卑的意識が強く、そしてエロい。彼らはとても好色である。風俗産業やアダルトビデオ産業にかかわる者ならば誰もが知る「常識」だ。団塊世代の彼らは現役時代のピークだった1980年代、風俗産業とアダルトビデオ産業を一大産業に膨らませて、〝飲む・打つ・買う〟が許容される空気を作りあげ、女を買いまくった。

そして新自由主義的施策が始まると、自身の優遇された雇用だけを守りながら、娘世代、孫世代の労働を買い叩いた。そして貧困に陥った女性たちに自己責任論で反省を促しながら、〝最後の救済〟として肉体を提供するなら再分配をしてあげてもいい、という社会を作りあげた。その信じられない都合のいいプランを、本当に実行して徹底した。そして、女性はみんな貧しくなった。

これから女性と同じように貧困に陥るはずだった団塊ジュニア世代、バブル世代の男性は、これまで団塊世代の作りあげた社会で恩恵を受けてきた。そんなときに新型コロナウイルスが蔓延した。

生活保護の捕捉率は約20パーセント

「8年前、心を入れ替えるために生活保護を受給したのね。うち、そのまま放っておくと必ず犯罪しちゃうから。犯罪ダメ、犯罪はダメって決意して生活保護をもらったの」

最後にアフターコロナで激増するだろう公的扶助制度の利用者の声を伝えておこう。2020年4月30日、生活保護受給者の西野知代さん(仮名・53歳)に会うために横浜駅に向かった。閉店時間が20時のファミリーレストランが営業していた。

西野さんは現在、家賃5万2000円のアパートで暮らしながら、スーパーマーケットの魚売り場で働いている。時給1000円で週4~5日働いて、月8万~10万円程度の給料を得ている。毎月、その収入をケアワーカーに報告して、県が定める最低生活費との差額が銀行口座に振り込まれている。

彼女は前科5犯の元犯罪者だ。21歳で初めて逮捕されてから女子刑務所を行ったり来たりし、合計25年間を刑務所で過ごしている。最後の出所は45歳のとき、もう犯罪は絶対にしないと心に誓って生活保護を受給している。

「最初、生活保護はうちに犯罪をさせないための国の義務くらいに思っていました。生活するためにお金が必要だから犯罪しちゃうので、犯罪させないなら国がお金を払うのは当たり前みたいな感覚でした」

当初、生活保護制度をそんな意識で利用している。これまでだったらすぐに犯罪に走って、再逮捕されて同じ刑務所に戻るという繰り返しだった。最後に出所してから8年間、シャバで暮らしている。8年という長さは、彼女にとっては成人してから初めての経験である。

生活保護制度の捕捉率（利用資格があり実際に利用している人）は20パーセント程度といわれる。貧困に苦しむ国民の2割程度しか制度を利用していない。生活保護制度は憲法25条の〝生存権の保障〟を具現化したもので、生活に困窮するすべての国民に受ける権利がある。

新型コロナウイルスの蔓延、そしてその後遺症で、アフターコロナは〝濃厚接触しかできない女性たち〟が本格的に困窮する可能性が高い。生活保護制度は居住地や家族構成などによって保護費は異なるが、単身女性ならおおよそ生活扶助は8万円、住宅扶助は5万2000円程度となる。預貯金や資産がなく、手取り収入が13万2000円を割り込んでくる場合は、生活保護の受給条件をクリアする。彼女は〝犯罪しかできない〟ので、8年前から生活保護受給者となっている。

「ブラックカード」を偽造し670万円のベンツを購入

西野さんはプロフェッショナルな詐欺師だった。

「生活保護受給者になるまで、シャバにいるときはなんの不自由なく、欲しいものを買い、食べたいところ、行きたいところに行くっていう贅沢《ぜいたく》三昧の生活でした。ブラックカードを使った詐欺でホストクラブで200万円使うとか、ランチも5000円以下のところには行かなかったし、本当にいい思いをさせてもらいましたから。いまの生活は苦しいけど、犯罪はしないって心を入れ替えたので不満はないですよ」

専門はカード詐欺だ。人脈と知識、ノウハウがあるので詐欺をしようと思えば、いますぐにでもお金をつくることができる。

「中村さん、百貨店とかカードで買い物しますよね」と、犯罪の手口を教えてくれた。

「カードをスキミングして、番号を抜いて偽造するんです。いろんなお店に仲間がいて、そのスキミングした番号を買い取って韓国マフィアにカードを作ってもらう。それを日本に持ってきて限度額まで使いまくるって手口ですね。本物のカードは本人が持っているので、1~2カ月は盗難届が出ないんですよ。私はカードを限度額いっぱいまで使うので、すごい金額の請求が本人のところに行く。おかしいって思ってストップをかけるから、そこで発覚する。けどいくらでもカードは作れるから、本当に贅沢三昧だったわ」

スキミングする百貨店の店員は、西野さんの刑務所仲間だ。スキミングだけでお金になることは女子刑務所内では情報共有された常識で、お互いがシャバにいるときに連携する。

「実際に店員になってスキミングしてもらう。そうするとお給料と犯罪とでダブルでお金がはいってくるでしょ。やっぱり、高級なカードほどお金になるから百貨店とかブランドショップとかで働く。最低ゴールドカードですね。みんな刑務所仲間です。刑務所に行くと、いろんな罪名の人がいる。そんなバカバカしいことで捕まるならもっと楽で裕福な生活が送れる方法があるよ、っていつもこの話になるの。みんな話を聞くでしょ、出所したら連絡するねって。人脈がどんどん広がっちゃうんです。21〜45歳まででシャバにいたのは7年間だけ。けど、外にいるときは月収300万円くらいはあったかな。いまみたいにスーパーで半額のお惣菜買うとか、欲しいものを我慢するとか、一度もしたことがなかった。だから、そういう意味でも生活保護の生活は新鮮ですよ」

カード詐欺でいちばん高い買い物はメルセデスベンツだったという。百貨店に勤める仲間から「ブラックカードが来た！」と連絡があって韓国で偽造。すぐにベンツの販売店に行った。

マンションや一軒家も買おうと思えば買えたが、住民票や身分証明書など書類が必要なので断念したという。

「車は車検とか名義とかいるので、カードを売って現金で買いました。当時、ホストクラブの男の子に入れ込んでいて、誕生日プレゼントに買ってあげた。車種までわからないけど、総額670万ぐらい。ベンツの見返りに時計を買ってもらったり、どっかご飯食べに連れてってもらったり。ちょっと気持ちいいお姫様扱いをしてもらえて楽しかった」

どんなに買い物をしても、自分の財布は全然痛くない。やりたい放題だった。

犯罪抑止となるパートナーの存在

最後に刑務所を出所したのは45歳のとき。そのときは詐欺罪で懲役3年。いつものように北関東にある女子刑務所に収監された。そのとき、覚醒剤取締法違反で収監されていた真奈美さん（仮名・28歳）と知り合った。家族のいない真奈美さんは、刑務所で西野さんを慕った。そして、出所したら一緒に暮らそうという話になった。出所後、真奈美さんは西野さんの養子になった。

「真奈美に犯罪はダメって言われた。それが生活保護を受けるきっかけ」

出所日、真奈美さんは迎えにきてくれた。そのまま福祉事務所に行って生活保護の申請をした。

「真奈美は〝ママは裕福かもしれない、でもその陰で泣いてる人がたくさんいるんだから、ちょっと考えて〟って。お金がなかったらなにもできないでしょ？　って反論したけど、生活保護制度があるよって教えてもらった。最初はそんな恥ずかしいことはできないって言ったけど、よく考えたら、いままでやってきたことのほうがよほど恥ずかしい。生活保護は恥ずかしいことじゃないって。犯罪から足を洗って少しずつ働いて、生活保護をやめればいいんじゃないかって意識になりました」

女子刑務所は覚醒剤や窃盗犯が多く再犯率は高い。累犯で刑期が長くなると、知り合いは刑務所で出会った仲間ばかりとなる。仲間から入ってくる情報は、すべて犯罪絡み。それでしか生きていけない環境となる。抜け出すためには、安心できる最低限度のお金と強い意志が必要となる。

「私たちは刑務所で生きているから、普通のことはなにもできない。出所しても、家もなければ、お金もない。刑務所で稼いだお金は少なくて数万円だけ。洋服を買うだけでお金がなくなっちゃう。生活するのはどうしようって、すぐにそっち（犯罪）に行っちゃう。真奈美も覚醒剤はもうやりたくない。でも、地元に戻ったらすぐにまたやってしまう。それで養子になって一緒に暮らすことにしたんですよ」

生活保護をもらいながら、最初は真奈美さんと一緒に倉庫で働いた。へとへとになるまで働いて一日8000円にしかならなかった。いままでいかに簡単にお金を手にしていたのかを初めて知った。

「きついですよ。だって、いままで一度も働いたことないわけだし。でも、真奈美が一緒にいてくれる。倉庫で1週間に2日、3日くらいから始めて、いまのお魚屋さんでやっと週5日働けた。節約しながら生活しても、お金はけっこうかかる。遊びに行けないし、洋服も買えないし、もっと本当に節約していかないと生きていけない。だから、たまにちょっと悪いことしようってなっちゃう。でもね、真奈美が止めてくれる」

生活保護の最低限度の生活に、西野さんは何度も心が折れそうになった。そのたびに近くにいる真奈美さんが説得している。

「生活保護は欲しいものがあっても全然買えないし、我慢しなきゃいけない。全部が我慢。でも、真奈美はそれが当たり前だって言うんです。普通の家庭は、みんな我慢してるって。お給料日に旦那さんとかは小遣い月1万円とかだよって。だからお昼のランチは、なるべくワンコインで済ませるとかにしてるんだよって。ママみたいに5000円も使わないって。私は刑務所が苦じゃないから、楽をしたくて、すぐ犯罪に走っちゃう。でもいまは真奈美がいるから頑張れる、我慢できるかな」

スーパーの魚売り場での勤務は、今年で3年目を迎えた。新型コロナになってステイホームが叫ばれてから、スーパーではお客が急増した。西野さんは店にはなくてはならない戦力であり、主任からもっと出勤を増やせないか頼まれた。頷いた。うれしかった。

仕事も魚の仕分けや切り分けだけでなく、魚をさばいて刺身セットを盛りつけるなど、重要な仕事も任されるようになった。

「同じパートの普通の主婦の人に仕事教えたり、愚痴を聞いたり。そんなことがいちいち新鮮。本当に犯罪をやめてよかったかな。今年の目標は生活保護から抜けること。国が私にお金を払うのは当たり前のこと、みたいな考えはなくなりましたよ」

10万円の定額給付金がもうすぐもらえる。西野さんにとって、自由に使える久しぶりのお金だ。ちゃんとしたお寿司を食べたことがないという真奈美さんに、日本橋の江戸前寿司をご馳走してあげる予定だ。

コロナで政府の経済政策は変わるのか

生活保護制度によって〝犯罪しかできない〟女性が立ち直ったケースを挙げたが、新型コロナウイルス蔓延で驚いたのは、あれだけ国民の貧困化を促進させてきた国が、次々と緊急経済対策を立てていることだ。

納税は猶予され、さまざまな資金貸付が準備され、企業には休業補償、持続化給付金、感染拡大防止協力金、全国民に定額給付金など、あれだけ財政を締めつけていたのに全然変わってしまった。給付が順調にいかないなど、問題も多いが、貧困や困窮する人々の危機的状況を支援して、国難を乗り切ろうという姿勢がみえる。

コロナ禍では、猛威を振るった政府の新自由主義的な性格は影を潜めたのだ。さらに新自由主義を日本に持ち込んだ元政府中枢の人物が月5万円のベーシックインカム（最低所得保障）を提案したり、労働者を徹底的に働かせた〝ブラック経営の神〟

と呼ばれた男が社長の上場企業が経営難に陥ったり、福祉活動家のロビイングで政府の意見が覆ったり、コロナ禍で政府や上層部の価値観や意識が変わり、さまざまな場面で逆転や反転が起こっている。

たとえば4月上旬、厚生労働省は一斉休校に伴う休業補償から暴力団関係者と風俗関係者を除外していたが、すぐに風俗嬢やキャバ嬢、ホステスも対象とする内容に変えた。そして東京都は休業要請でネットカフェを対象にすると同時に、ネットカフェ難民の宿泊先を確保、無償提供を発表した。これまでの女性や若者に対して厳しいばかりだった日本では、考えられなかったことがコロナ禍では毎日のように起こっている。

長年、貧困現場を取材する筆者は、令和の日本を悲観していた。

コロナ直前の今年1月、〝数年後に路上に団塊ジュニア世代男性の遺体が転がる〟という予測をした。

【これから消費税増税はさらに続き、プライマリーバランスのために公務員削減が進む。自治体では迅速な遺体処理もできなくなる。雇用というセーフティネットを奪われた中年男性は、妻に離婚され、娘には絶縁されて孤立。

平成時代の日本は女子大生を売春に誘導する国だった。苦しむ中年男性が救済を求めても、自己責任と生活保護制度は門前払い。中年男性の餓死者が続出し、遺体が常時転がることになる。国民も中年男性が路上で死ぬのは、最初は驚いて問題にもなったがすぐに慣れ、誰も気にも留めなくなる】

あるウェブ媒体にそんな記事を書いていた。限界まで貧困化した現在の貧困女子の下の階層に、「最貧困おじさん層」が誕生する。貧困女子は売春というマネタイズポイントがあったが、中年男性にはなにもないので即転落となる。

最貧困おじさんの一部は工夫してオヤジシェアハウスや、行政が渋々開放した廃校体育館で共同生活する「オヤジ体育館」などを利用し、なんとか生き延びるが、適応できなかった者は遺体という末路となる、ということを筆者は信じていた。しかし、新型コロナウイルス蔓延によって、その過酷な事態はモラトリアムとなりそうだ。

新型コロナウイルスによって、平成時代に起こった悲惨な貧困がどんどんと可視化されているいま、生活保護制度を利用するのはなにも恥ずかしいことではなくなった。さらに雇用を奪われて困窮した中年男性が救済を求めれば、なにかしらの救済の手が伸びそうな芽くらいはみえる。

アフターコロナの日本では、どこかでまた手のひらを返して絶望的でしかなかった平成のような新自由主義路線が継続されるのか、このまま大きな政府が育まれて新しい形の社会ができるのか——。これを書いている2020年6月現在ではわからない。

中村淳彦
Atsuhiko Nakamura
ノンフィクションライター。貧困や介護、AV女優や風俗などの社会問題をフィールドワークに取材・執筆を続ける。貧困化する日本の現実を可視化するために、虐待、精神疾患、借金、自傷、人身売買など、さまざまな過酷な話にひたすら耳を傾け続けている。『東京貧困女子。』（東洋経済新報社）は第2回Yahoo! ニュース本屋大賞ノンフィクション本大賞ノミネート。最新刊は『日本の貧困女子』（SB新書）、『日本の風俗嬢』（新潮新書）、「名前のない女たち」シリーズ（宝島社）など著書多数。Twitterアカウント「@atu_nakamura」

宝島社新書

新型コロナと貧困女子
（しんがたころなとひんこんじょし）

2020年7月9日　第1刷発行

著　者　中村淳彦
発行人　蓮見清一
発行所　株式会社宝島社
〒102-8388 東京都千代田区一番町25番地
電話：営業　03（3234）4621
　　　編集　03（3239）0646
https://tkj.jp
印刷・製本　中央精版印刷株式会社

PRINTED IN JAPAN
ISBN 978-4-299-00630-1